现代汉语
"是"字句研究

王亚新 著

白帝社

日本語前書き

　現代中国語における"是"構文は、文構造が単純でありながら多様な機能を持っている。その機能について、すでに多くの先行研究がなされ、数多くの成果が見られるが、まだ解明されていないところもある。また"是"構文の派生構文としての"是……的"文の意味構造と機能についても、長らく議論されてきたにもかかわらず、なお検討の余地が残されている。

　本書は、"是"構文に関わるいくつかの課題を取り上げて独自の視点から分析を試みた。

　第1章では、"是"構文の構文機能にも関わる名詞句の指示機能を取り上げ、「役割／値」、「指示／非指示」、「定／不定」及び「特定／非特定」などの概念を整理した。

　第2章では、"是"構文の構文類型を再分類し、いままで"是"構文研究ではあまり触れていない"识别句（同定文）"を取り上げた。

　第3章では「存在」の意味を表す"是"構文、第4章では"名词谓语句（名詞句述語文）"の構造と機能を分析した。

　第5章では"谁是张老三？"と"张老三是谁？"という長年議論されてきた問題について、先行研究を踏まえて再検討を行った。

　第6章では"S是（一）个NP"構文の意味構造、特に"S是NP"との相違を中心に分析し、第7章では"主谓谓语句（主述述語文）"における"是"の機能を分析した。

　さらに、第8章と第9章では"是"構文の派生構文としての視点から、"是……的"文の意味構造と機能について分析を試みた。

　本書は、"是"構文に関する体系的な研究ではなく、いままで議論

ii

されてきたいくつかのテーマを拾い、見解を示したものである。内容の一部に、すでに論文として大学紀要と学術誌に発表されたものも含まれるが、時間が経つに伴い、考え方が一部変わったものもある。そのため、本書を作成する際は、以前の論点を大幅に修正し、新たな見解をつけ加えている。

　まだ満足できないところも残っているが、読者からのご叱正を仰ぎたく、あえて研究の中間報告として本書を送り出す次第である。

　本書の出版にあたり、白帝社、特に岸本詩子様から多大なご尽力を賜り、心より感謝を申し上げたいと思う。

2024 年 10 月

著者

前　言

　　现代汉语"是"字句虽然结构简单，但具有多重语义功能。关于"是"字句已有很多研究成果，也留下不少课题。此外，有关"是"字句的衍生句式、"是……的"句的语义结构与功能等，虽经多年讨论，仍有置喙之处。

　　本书就"是"字句的有关问题提出了一些个人见解。

　　第1章主要分析了与"是"字句式有关的名词短语的指称性问题，从"角色／值"、"有指／无指、有定／无定"、以及"实指／虚指"等角度做了一些梳理。

　　第2章对"是"字句重新进行了分类，提出了以往研究中很少提及的"识别句"这一句式，细化了"是"字句的句式类型。

　　第 3 章讨论了表示存在的"是"字句。第 4 章分析了"名词谓语句"的结构与功能。

　　第5章针对"谁是张老三？"和"张老三是谁？"这一由来已久的问题，在参考先行研究的基础上重新进行了探讨。

　　第6章分析了"S 是一个 NP"句式的结构与功能，就"S 是 NP"与"S 是（一）个 NP"之间的功能差异进行了梳理。第7章分析了主谓谓语句中"是"用于焦点说明的功能及其句式结构。

　　第 8 章和第 9 章从"是"字句的衍生句式这一视角，对"是……的"句的语义结构和功能进行了分析。

　　本书不是"是"字句的系统性研究，而是选出以往引起争议的几个题目做了一些探讨。其中部分内容曾作为论文发表在大学纪要和学术杂志上。但有些论文写于多年以前，其中有些观点已发生改变。因此，此次成书时进行了大幅修改，增加了一些新的论述。虽仍有不尽之处，

iv

限于时间和篇幅，暂且作为一个阶段性研究报告呈献给读者，以期得到指正和回馈。

本书的出版得到白帝社、特别是岸本詩子女士的倾力协助，在此表示衷心的感谢。

2024 年 10 月

作者

目　录

日本語前書き	i
前　言	iii
目　录	v

第 1 章　名词短语的指称功能

1. 名词的指称义	1
2. 名词短语的指称功能	2
2.1. 角色与值	4
2.2. 类指与个指	10
3. 有定与无定	16
3.1. 专有名词	18
3.2. 有定 NP 与 "一个 NP"	20
3.3. 光杆名词	22
4. 实指（特定）与虚指（非特定）	23
4.1. "一个 NP" 的特定与非特定	24
4.2. 有定 NP 的特定与非特定	28
5. 场景指称与语篇指称	29
6. 小结	31

第 2 章　"是" 字句的句式类型

1. "是" 字句	33
2. 属性陈述句	39
2.1. 类属陈述	39
2.2. 性状陈述	41
2.3. 类属与性状的区别	43
2.4. 感知性陈述与知识性陈述	48
3. 对象指称句	49

vi

3.1. 指别句 ·· 51

3.2. 识别句 ·· 57

3.3. 指别与识别的区别 ·· 59

3.4. 识别与属性陈述的区别 ·· 63

3.5. 等同句 ·· 65

3.6. 三种句式的区别 ·· 66

4. 内容与容器 ·· 67

4.1. 内容与容器 ··· 67

4.2. 原因与结果 ··· 68

5. 分裂句 ··· 69

6. 小结 ··· 72

第3章 表示存在的"是"字句

1. "是"字句与"有"字句 ·· 74

2. 表示存在的"是"字句 ·· 80

2.1. 使用场景 ··· 80

2.2. 聚焦作用 ··· 83

3. 领有与所在 ·· 87

4. 小结 ··· 88

第4章 "是"字句与名词谓语句

1. 名词谓语句 ·· 90

2. 你的生日是几月几号? ·· 93

3. 这孩子黄头发 ··· 97

4. 她哪单位的? ··· 101

5. 我老家河北 ·· 104

6. 小结 ··· 106

第5章 "谁是张老三?"和"张老三是谁?"

1. "谁"的指称功能 ·· 108

2. "谁是张老三?"的语义结构 ·· 113

2.1. 谁是 NP? ……………………………………………… 113

　　2.2. 谁是张老三? ………………………………………… 116

　3. "张老三是谁?"的语义结构 …………………………… 118

　　3.1. NP 是谁? …………………………………………… 118

　　3.2. 张老三是谁? ………………………………………… 123

　4. "谁是张老三?"和"张老三是谁?"的区别 …………… 125

　5. "什么是爱情?"和"爱情是什么?" ……………………… 128

　6. 小结 ………………………………………………………… 131

第 6 章 "S 是(一)个 NP"的结构与功能

　1. "是 NP"和"是(一)个 NP" ……………………………… 133

　2. 表示存在的"(一)个 NP" ………………………………… 136

　3. 表示识别的"(一)个 NP" ………………………………… 140

　4. 以往研究中涉及的问题 …………………………………… 142

　　4.1. 主观性与客观性 ……………………………………… 142

　　4.2. 个体属性 ……………………………………………… 144

　　4.3. 原型属性 ……………………………………………… 147

　5. 小结 ………………………………………………………… 150

第 7 章 "是"字句与主谓谓语句

　1. 主谓谓语句 ………………………………………………… 152

　2. 大象鼻子长 ………………………………………………… 153

　　2.1. "大象鼻子长"与"鼻子大象长" …………………… 153

　　2.2. 话题提示语 …………………………………………… 156

　　2.3. 主谓谓语句的句式类型 ……………………………… 157

　3. 姜是老的辣 ………………………………………………… 160

　　3.1. "姜是老的辣"的句式结构 ………………………… 160

　　3.2. 表示指称的"是" ……………………………………… 161

　　3.3. 姜是老的辣 …………………………………………… 164

　4. 《骆驼祥子》,作者是老舍 ……………………………… 165

viii

 5. 我是咖啡，他是红茶 ………………………………………… 173

 6. 小结 ……………………………………………………………… 175

第 8 章 "的"字短语与"是……的"句

 1. "是……的"句 ………………………………………………… 176

 2. "的"字短语句与"是……的"句 …………………………… 179

  2.1. "的"字短语句 …………………………………………… 179

  2.2. "VP 的"的语义结构 …………………………………… 181

  2.3. "是……的(一)"与"是……的(二)"的区别 ………… 185

 3. "是……的(二)"的句式功能 …………………………………… 189

  3.1. 针对既有命题的判断与说明 …………………………… 189

  3.2. 事件陈述与属性陈述 …………………………………… 194

  3.3. "（像）……似的" ……………………………………… 198

 4. 表示情态的"的" ……………………………………………… 199

 5. 小结 ……………………………………………………………… 201

第 9 章 表示实现方式的"是……的"句

 1. "是……的(一)"的语用条件 ………………………………… 203

 2. "是……的(一)"的功能特征 ………………………………… 207

 3. "是……的(一)"的句式结构 ………………………………… 216

  3.1. "V 的 O"的结构特征 ………………………………… 217

  3.2. "V 的 O"的功能特征 ………………………………… 221

 4. "是……的(一)"的句式功能 ………………………………… 226

  4.1. "是……的(一)"的形成机制 ………………………… 226

  4.2. "V 的 O"与"VO 的"的指称义 …………………… 231

  4.3. "(是)V 的 O"与"V 的是 O"的差异 ……………… 237

  4.4. "没 / 不 V(O)的" ……………………………………… 241

 5. 小结 ……………………………………………………………… 243

主要参考文献 ……………………………………………………… 245

后　记 ……………………………………………………………… 251

现代汉语“是”字句研究

第1章

名词短语的指称功能

1. 名词的指称义

汉语在区分名词、动词和形容词上缺少明确的形态标记，一般要通过语义和语法功能来判断。与形容词、动词相比，名词的典型功能是表示指称（reference），其次是表示陈述（predication）。

名词的指称功能源于名词的外延（extension）意义，陈述功能源于名词的内涵（intension）意义。外延和内涵是同一个名词的不同语义侧面，我们一般是在界定外延的前提下去考虑内涵，也是基于内涵意义的基础上去考虑外延。因此，外延或内涵之间是一种相互对立、又相辅相成的关系。

从认知语法的观点看，语言形式的指称（referential expression）并不是直接指认外在于语言的客观事物，而是反映我们头脑中的概念范畴与被指称物之间的一种映射关系，类似模式（schema）与事例（instance）之间的对应关系，相当于借助概念范畴来对客观事物进行指认的一种心理操作。

使用语言形式来对客观事物进行指认时，除了借助概念范畴以外，还需要根据使用场景来辨认其指称义。例如，"这本书"根据不同的场景可以形成不同的指称义，可以指实物，也可以指内容，还可以指实物和

内容的统一体。说"你看的这本书，我也看过"时，"这本书"根据使用
场景可以指同一内容的同一物理载体，也可以指同一内容的不同载体。
说"这本书丢了"时，"这本书"一般指载体，不涉及书的内容。但说"很
多人都看过这本书"时，"这本书"一般指内容，不涉及载体。由于语言
形式的指称都是借助概念范畴来进行的，且受到使用场景的制约，因此
使用语言进行指认时，其指称形式与被指称物之间相当于一种经由概念
范畴中介的间接性指认关系。

从这个意义说，语言的指称对象不等于外在于语言的客观事物，而
是依据认知模式、语言形式、以及使用场景等构建的一种认知心理上的
标的物。在实际语言中要弄清它究竟指认什么，需要根据句式、场景、
以及谈话双方知识背景和谈话意图等多种因素来判断。

2. 名词短语的指称功能

语法层面的名词有别于词典意义上的名词，一般称为名词短语（简
称 NP），包括单一名词以及由名词性成分构成的多种组合形式。

陈平（1987）从语义角度将名词短语分为以下四组。

（1）有指（referential）　—　无指　（nonreferential）
　　 定指（identifiable）　—　不定指（nonidentifiable）
　　 实指（specific）　　 —　虚指（nonspecific）
　　 通指（generic）　　 —　单指（individual）

其中，"有指"分为"定指"和"不定指"，"不定指"分为"实指"
和"虚指"。根据陈平（1987）文中对例句的分析，可以看出他基本将"定
指"都视为"实指"。我们根据陈平的观点，将上述四组名词短语的相互
关系整理如下。

(2) 陈平（1987）的分类

张伯江（1997）、王红旗（2004）对上述分类提出了不同看法。分歧主要在"定指／不定指"与"实指／虚指"孰为上下位的问题上。张伯江和王红旗认为，"有指"应该先分出"虚指／实指"，然后在"实指"下面再分出"定指／不定指"。

(3) 张伯江（1997）的分类

陈俊和（2009）认为"定指／不定指"与"实指／虚指"属于不同层面。"定指／不定指"这一分类基于听话人立场，而"实指／虚指"基于说话人立场。

我们基本同意陈俊和（2009）的观点，认为"定指／不定指"与"实指／虚指"属于不同层面，二者之间不存在隶属关系。"定指／不定指"涉及语法范畴，一般有相应的语法标记，而"实指／虚指"涉及语用范畴，缺少相应的标记，一般要通过语境来辨认。

我们看到，在多数语言中，"定指／不定指"都有相应的语法标记，而"实指／虚指"则普遍无标。对"实指／虚指"的解读，有时会借助

"定指／不定指"的标记作为辅助。从这个意义说，陈平将"实指／虚指"放在"定指／不定指"之下有其合理的一面。但他把"定指"都视为"实指"，又有违其提出的两组概念之间的相互关系。

我们认为，"定指／不定指"与"实指／虚指"属于不同的层面，不仅"不定指"会涉及"实指／虚指"的问题，"定指"也会涉及"实指／虚指"的问题。

2.1. 角色与值

Fauconnier（1985）提出了"心理空间（Mental Spaces）"理论。根据这一理论，同一个名词短语会有"角色（role）"与"值（value）"这两种不同解读，在不同语境下形成不同的指称义。

从语义角度看，所有的名词都对应一个概念范畴，角色相当于这一概念范畴的属性载体，在不同的时空范畴（以及心理空间）下指向不同的值。在一般语境下，角色与值构成一个统一体，但在特定语境下，角色与值也会分离。

从角色与值这一角度对名词短语进行解读，也会给句式语义带来不同解读。如 Fauconnier 举下述例子，来说明角色与值的不同解读给句式语义带来的变化。

(4) In 1929，the president was a baby.
／在 1929 年，总统是一个婴儿。

当 the president 解读为值，即"现在（谈话时）的总统"这一特定个体时，a baby 表示属性，相当于陈述句。当 the president 解读为角色，表示"1929 年（当时）的总统"时，a baby 可以表示属性，也可以表示值。前者相当于陈述句，后者相当于指称句。

井元秀剛（2006）继承了这一观点，认为例(4)的 the president 至少可以有以下四种解读。

(5) a. 现在时空下的角色

现在的总统（不论是谁）在 1929 年是一个婴儿。

b. 现在时空下的值

现在的总统（如布什）在 1929 年是一个婴儿。

c. 1929 年当时的角色

1929 年的总统（不论是谁）是一个婴儿。

d. 1929 年当时的值

1929 年的总统（如胡佛）是一个婴儿。

我们根据百科常识知道，"总统"应该是成年人，因此(5a)(5b)符合常识，而(5c)(5d)违反常识。不过，仅从语义结构看的话，确实存在上述四种解读的可能。

另一方面，依据对 the president 的不同解读，a baby 也会形成不同的语义功能。如(5a)(5b)的 a baby 表示属性，(5c)的 a baby 根据语境可以表示属性，也可以表示指称，(5d)表示属性。

汉语里也会出现类似现象，如例(4)的"总统"在汉语里同样可以解读为"角色"和"值"。以往的研究一般将"总统"视为实体、或可能存在的实体。我们认为，所谓"实体"仍然可以有"角色"和"值"这两种不同解读。这里的"值"类似实际个体，但并不等于"实物"，仍是基于认知心理的一种标的物概念。

一般语境下，名词短语在角色与值的解读上是统一的，可以理解为该角色含有一个默认值，指向某一个体。但根据使用场景，角色也会指向复数个体。

(6) a. 我中午吃的是饺子（和面条）。

b. 我中学时的班主任是张老师（和李老师）。

c. 越战期间的美国总统是谁？

— 是艾森豪威尔、肯尼迪、约翰逊、尼克松和福特。

6

上述划线部分相当于角色解读，一般指向单一个体，但根据语境也会指向复数个体或类属。如(6a)"中午吃的"可以指类属，也可以指个体。指称个体时根据语境可以是单数，也可以是复数。同样，(6b)的指称对象也可以是单数或复数。(6c)问句的命题预设中，"美国总统"为单数，但答句提示了复数个体。

从语义角度看，上述划线部分都属于有指成分，但在不同语境下会指向不同个体，形成不同的指称义。下述"美国总统"也如此。

(7) a.美国总统每四年选举一次。

　　b.过去200年间，美国总统多次受到枪击。

　　c.1981年，美国总统再次受到枪击。

　　d.1981年的美国总统是里根。

(7a)的"美国总统"是职务概念，不表示个体。(7b)的"美国总统"表示就任该职务的角色。在"过去200年"这一时间跨度中包含复数个体。这两句中的"美国总统"都属于有指NP，但都不等于个体（值）。

(7c)的"美国总统"作为角色，受时空制约指向特定个体。根据百科知识，我们知道1981年的总统是"里根"。对于具有这种知识的人来说，这里的"美国总统"相当于"里根"的指代性称谓。但对于缺少这种知识的人来说，"美国总统"仍然只是角色概念。不过，我们根据百科常识，知道这一角色会含有一个默认值，指向特定个体。所以，无论谈话双方是否知道"美国总统"是谁，都不影响我们理解"美国总统"作为个体而受到"枪击"。另一方面，"美国总统"虽然"再次"受到枪击，但"里根"是首次受到枪击，因此这个句子体现的实际语义应当是："里根"这一个体（值）作为"美国总统"（角色）而再次受到枪击。

(7d)的"美国总统"相当于角色函数，含有一个未定值。整个句子表示"美国总统"（函数）与"里根"（值）之间的同一关系。

名词短语的不同解读，也会影响到"是"字句的句式语义功能。

(8) a. 1981 年，美国总统是里根。　　　　（指别）

　　　b. 1981 年，里根是美国总统。　　　　（属性）

　　　c. 1929 年，里根是一个 18 岁的青年。（属性）

　　　d. 1929 年，美国总统是一个 18 岁的青年。（属性或指别）

　　（8a）"美国总统"为角色，"里根"为值，表示指别关系。（8b）"里根"为个体，"美国总统"表示属性。（8c）"里根"在一般语境下解读为个体，"一个 18 岁的青年"表示当时的属性，（8d）"美国总统"可以有多种解读。解读为"现在的美国总统"时，"一个 18 岁的青年"表示当时的属性，解读为"当时的美国总统时"时，"一个 18 岁的青年"可以表示指别，也可以表示属性。

　　在以往的研究中，一般将"美国总统"或"里根"这类专有名词视为实体指称，但我们看到，即使专有名词也会在不同的使用场景下形成不同解读，并带来不同的句式语义关系。

　　同样，客观世界的所谓"实物"属于最典型的实体，而实际上，即使对实物进行指称时，也会形成不同的指称义。

(9) a. 他想吃这个菜。

　　b. 他想吃北京烤鸭。

(10) a. 我看过这本小说。

　　 b. 我们都看过这个电影。

　　（9a）"这个菜"可以指个体（实物），也可以指菜品。前者相当于个体，后者相当于角色。（9b）"北京烤鸭"根据语境可以是类指，也可以是个指。表示个指时既可以指实物，也可以指菜品。

　　（10a）"这本小说"在一般语境下相当于同一内容的不同载体，在某些语境下也可能是同一载体。（10b）"这个电影"一般会解读为同一内容的不同载体。上述指称对象都属于典型的实体，仍会根据不同场景而形成不同的指称义。在实际语言中，我们一般会根据场景或语用意图等自觉或不自觉地去区分实际指称的对象，往往不会意识到这种指称义上的细微变化。这也说明语言形式的指称行为，实际上是基于概念范畴的一种心理操作，而不仅仅是句法层面的问题。

　　金水敏（2015）对名词短语的指称功能做了一个简洁的分类，认为所谓"角色"是利用名词内涵意义来指称与其外延相符的对象，指称外延包含的所有对象时为总称性指称（类指），指外延中单一对象时为个指。个指一般含有一个默认值，当值为常数（constant）时，相当于一个常数名词短语（这里记作 C-NP），当值为变数（variable）时，相当于一个变数名词短语（这里记作 V-NP）。根据这一标准，金水敏将名词短语做出下述分类（原文中的「名詞句」这里改为 NP）。

（11）金水敏的分类（2015）

　　金水敏的上述"无指"不同于陈平的"无指"，表示该角色缺少一个特定值，而陈平的"无指"在金水敏的分类里相当于"陈述性 NP"。

　　我们参考金水敏的分类，将"非陈述性（有指）NP"整理为以下几种类型。

（12）非陈述性（有指）NP 的类型

　　Ⅰ．有定 NP
　　　1）类指：表示总称，不涉及内部个体。
　　　　　鲸鱼是哺乳动物。

2）个指

　　a. 个体集合：表示复数个体。

　　　　在过去二百年里，<u>多位总统</u>受到枪击。

　　b. 特定个体（值）。

　　　　<u>这个人</u>是谁?

　　c. 特定角色与值的统一体。

　　　　我昨天见到<u>你父亲</u>了。

　　d. 特定角色，含有一个非特定值。

　　　　这场比赛的<u>冠军</u>能拿 100 万奖金。

　　e. 特定角色，含有一个未定值 [1]。

　　　　1981 年的<u>美国总统</u>是谁?

Ⅱ. 无定 NP

　　a. 某个角色，含有一个特定值。

　　　　我刚才去看了<u>一个朋友</u>。

　　b. 某个角色，含有一个非特定值。

　　　　我想找<u>个人</u>问一下路。

除了普通名词以外，例(8)的"里根"等专有名词也会根据语境而形成不同的指称义。

(13) a. 指称特定个体：1981 年的美国总统是里根。

　　 b. 指称特定角色：（你说的）这个"里根"是谁?

　　 c. 表示名称属性：1981 年的美国总统叫里根。

另外，(13a)"里根"也可以表示作为物理个体所具有的社会属性。

(14) a. 这是典型的<u>里根</u>作风。

　　 b. 现在的美国总统比里根还<u>里根</u>。

划线部分表示的属性源于物理个体"里根"自身，其解读需要有相应的知识背景。从这个意义说，专有名词的功能也不限于指称，同样可以表示属性。而且不仅表示指称时会形成角色与值的解读，表示属性时也会形成名称属性和源于物理个体的社会属性等不同解读。

根据 Fauconnier 的观点，角色和值是一对相对性概念，同一个名词短语在上一个句中解读为值，在下一个句中也可能成为角色。如(13a)的"美国总统"为角色，"里根"为值，但(13b)问"你说的里根是谁？"时，"里根"又成为角色。

在以往的汉语研究里，分析名词短语的指称功能时，很少从"角色"与"值"这一角度进行解析。有指 NP 一般解释为实体、或可能存在的实体。但"实体"实际上是一个比较含糊的概念。如果按最严格的立场，"实体"相当于实际个体（值）的话，那么，有指的范围会受到很大限制。我们认为，有指包括了角色和值这两种不同的指称义。有指 NP 首先是句法层面的角色指称，它在不同场景下指向不同对象，包括抽象的属性载体、类属、个体以及虚拟角色等，而判断其指称的对象究竟是什么，最终要依赖使用场景以及说话人意图等语用层面的解读。

2.2. 类指与个指

"类指"与"个指"是名词短语功能范畴的一对概念。在汉语里，典型的类指一般由光杆名词充任。类指从外延上指代该名词所代表的整个类，相当于总称概念。在实际语言中，类指根据实际语义条件来确定其范围的大小。除了光杆名词以外，"修饰语＋光杆名词"（如"北大的学生"等）用于指代某些细化的类，相当于子类。子类也属于类指，但在某些语境下也会指向个体集合，相当于个指。

类指与个指也属于相对的对立性概念。指人的专有名，如"里根"等指称特定个体，而指物的专有名词，如"北京烤鸭"等指称特定的类。还有些专有名词，如"美国总统"等在共时上相当于个指，但在历时上相当于个体集合或子类。另外，"苹果"等类属名词，与"梨、香蕉"等其他类属进行区分时，也相当于个指（或个别）的类。

类属名词用于类指时指代整个类，但在特定语境下也会指代该类属中的某一个体成员。前者一般无标，后者可以有标，也可以无标。无标时要依靠语义条件或语境来确定。同样，指称特定个体的专有名词也反映了一个范畴，只不过该范畴只有一个成员。但在语义功能上也会有内涵和外延之分，因此也会有指称和陈述这两个功能，且其指称对象也会有角色与值这两种不同的解读。

类指和个指有时可以根据语义关系来判断。如刘丹青（2002）、徐烈炯（1999）认为，下述句中的"青蛙"具有不同的指称义。

(15) a. 青蛙有四条腿。 （青蛙＝类指）
　　　b. 青蛙在叫。 　　（青蛙＝个指）

类属名词"青蛙"在(15a)这类属性陈述（individual-level predicate）中表示类指，在(15b)事件陈述（stage-level predicate）中表示个指。从语义关系看，(15a)属于脱离语境、不受时空制约的知识性陈述，而(15b)属于依赖语境、且受到特定时空制约的感知性陈述。

吉田光演（2004）认为，类指 NP 表示属性陈述时，根据不同的句式语义也会形成不同的指称义。

(16) a. 恐竜は絶滅した。 / 恐龙灭绝了。
　　　b. ライオンは危険だ。 / 狮子很凶险。

(16a)"恐龙（恐竜）"指整个类属，不区分其内部成员，"灭绝"属于整个类属的属性，其内部成员在该属性上没有差异。相反，(16b)"凶险"属于"狮子（ライオン）"的典型属性，"狮子"指向典型成员，其内部成员在该属性上会有差异。其典型成员、或大多数成员具有这一属性，但并非所有成员都具有这种属性。这种差异也会反映到句式上。

(17) a.*这只恐龙灭绝了 / *没灭绝。

b.这只狮子很凶险 / 不凶险。

(18) a.鲸鱼是哺乳动物。

b.*这头鲸鱼是哺乳动物。

(19) a.鲸鱼体型巨大。

b.这头鲸鱼体型巨大。

(17a)"灭绝"不能用于个体，但(17b)"凶险"能用于个体，也可以有"这只狮子不凶险"等否定用法。同样，(18a)"哺乳动物"这一属性不能用于个体，但(19a)的"体型巨大"可以用于个体。

刘丹青（2002）还认为，除了光杆名词外，某些"修饰语＋类名词"，如"王大鹏家的狗"也可以表示类指，相当于某个类属的子类或子集（subset）。我们看到，这类"修饰语＋类名词"的指称义也与句式语义有关，用于属性陈述时表示类指，用于事件陈述时表示个指。

(20) a.王大鹏家的狗很多。　　（类指）

b.王大鹏家的狗丢了。　　（个指）

c.北大的学生很优秀。　　（类指）

d.北大的学生得了冠军。　（个指）

从句法角度看，类指名词和专有名词一样，可以无条件地出现在句首，充任主题（或主语）。如刘丹青（2002）提到下述例子。

(21) a.他买了一件格子衬衫。

b.格子衬衫他买了一件。

c.他格子衬衫买了一件。

(21a)"一件格子衬衫"表示个指。根据刘丹青的分析，表示个指的

第 1 章 名词短语的指称功能　　13

是"一件"，而"格子衬衫"表示类指。因此"格子衬衫"在(21b)中可以提升到句首成为主题、或在(21c)中提升到谓词前成为次主题。

按照汉语句法规则，只有已知、有定 NP 才能充任主题或次主题，因此，上述"格子衬衫"只有解释为有定 NP 才能实现这种句式变换。从语义上看，(21a)"一件格子衬衫"表示不定个体，但(21b)(21c)"格子衬衫"相当于类指，可以根据百科常识而解读为有定 NP。

一般地说，类属名词、以及表示子类的名词短语（"修饰语＋类名词"等）表示类指时，在语义上相当于有定 NP。以往的研究认为，类指无所谓有定无定，只有个指才涉及有定无定。但我们认为，类指在句法上没有有定的标记，但在语义上具有有定的特征。如上述"青蛙、恐龙、鲸鱼、王大鹏家的狗、北大的学生"等都是通过百科知识来确定其外延和内涵的。用于类指时，可以不依赖场景或语篇来确定其指称对象，这一点与专有名词相似。

指人的专有名词，如"里根"等是通过百科知识来确定其指称对象的。同样，"青蛙、鲸鱼、北京烤鸭"等特定的类，"雪、银行、衬衫"等更抽象的类等也都是通过百科知识来确定其指称对象的。类属名词就其内部成员来说属于集合概念，但与其他类属之间进行区分时相当于个指（或个别）类概念，具有区分性和特定性。因此，当类属名词不涉及其内部成员，仅用于指代整个类时，与专有名词一样，在语义上也相当于有定 NP。而且，类属名词用于有定个指时，常常使用无标形式，这显然也与类属名词在语义上为有定这一特征有关。

类属名词用于"有"字句宾语时，有时会出现"有 NP"和"有（一）个 NP"这两种形式。大河内康宪（1985）认为，这两种形式具有不同的指称义。

(22)　a. 这儿有警察吗？

　　　b. 这儿有个警察吗？

(22a)"警察"相当于类指，而(22b)"(一)个警察"指向说话人意识中的某一个体，相当于个指。

我们认为，(22a)"警察"作为类指，不论指向类属集合、还是该集合中的任意个体，都能满足问话条件。相反，(22b)指向说话人意识中的某一个体。这一个体虽然也具有"警察"属性，但不是任意个体，而是特定个体，因此会出现语义上的差异。下述例子也如此。

(23) a.这附近有（?一家 / *这个 / *任何一家）银行吗？
—— b.附近有银行。
—— c.附近有一家（ / 很多）银行。
—— d.附近没有银行。

(23a)"银行"不接受指示词或数量词修饰，相当于类指，表示"银行这类设施"。在问话人看来，任何一个具备"银行"属性的个体都能满足条件。作为答句，(23b)"银行"相当于类指。(23c)"一家银行 / 很多银行"相当于个指，而(23d)否定句中的"银行"相当于类指。这里的"银行"在类属上为有定，但在其内部成员上为无定。

在特定语境下，(23a)也会使用"一家银行"形式，多数是在说话人事先知道附近有一家银行时才会使用。例如：

(24) a.附近有没有银行？
b.?附近有没有一家银行？
(25) a.?附近是不是有银行？
b.附近是不是有(一)家银行？

一般语境下，单纯问银行有无时使用(24a)，很少用(24b)。但当说话人事先知道附近有一家银行，并就此进行确认时，也可以使用(24b)，但通常会使用(25b)"是不是……?"这种确认性问句。同样，

第 1 章 名词短语的指称功能　15

(26) a. 你家有（?一只／*这只／?任何一只）狗吗？

　　 b. 你家（是）有一只狗吗？

　→ c. 你家是不是有一只狗？

(26a)的"狗"为类指，一般不接受指示词或数量词修饰，但在听到狗叫声等语境下，可以使用(26b)，这里的"一只狗"表示说话人预设的特定个体。这时也可以使用(26c)。从语义看，(26a)"有狗"相当于属性陈述，而(26b)(26c)相当于事件陈述。

　　一般地说，事件陈述句的主语通常为个指，表示事件的领有者。而属性陈述句的主语可以是类指，也可以是个指，表示属性的领有者。

(27) a. <u>鲸鱼</u>死了。　　　（个指）

　　 b. <u>这头鲸鱼</u>死了。　（个指）

(28) a. <u>鲸鱼</u>体型巨大。　　（类指）

　　 b. <u>这头鲸鱼</u>体型巨大。　（个指）

(27)是事件陈述，(27a)即使使用光杆名词"鲸鱼"，仍指向个体。(28a)表示属性陈述，主语指向类属，(28b)加上"这个"后表示个体。

　　属性陈述句的主语可以是类指 NP，也可以是个指 NP，但事件陈述的主语一般为个指 NP，即使作为集合概念出现，也相当于个体集合，仍属于个指。因此，类属名词也会根据使用场景而形成不同的指称义。

(29) a. 雪是白的。

　　 b. 雪很白。

(29a)"雪"表示类指，"白的"表示恒常属性。(29b)可以表示"雪"的恒常属性，也可以表示眼前的"雪（看起来）很白"这一状态。前者为类指，后者为个指。从语义看，(29a)是基于百科知识的知识性陈述，

16

不需要语境，而(29b)用于特定场景下的感知性陈述时，需要语境。

另外，"指示词＋NP"表示个指时，会因指称对象不同而反映出不同的语义特征。

(30) a.听说那个人（／老师）很了不起，我想见见他。
b.听说那只狗（／猫）很讨人喜欢，我想看看它。
c.听说那本书（／杂志）很有意思，我想看看(*它)。
d.那本书不长，我争取今天把它看完。

指人的(30a)和指动物的(30b)指向个体时，可以用"他"或"它"来回指。指物的(30c)"这本书"虽然也属于个指，但实际指向同一内容的不同载体，因此不能用"它"来回指。但(30d)指向特定个体，又可以用"它"来回指。这也说明指称是基于认知模式的心理操作，其指称对象根据语义关系或使用场景等形成不同的指称义。说话人在实际语言中针对不同的指称对象会有意无意地加以区分，其区分的标准与我们对事物的认知模式和概念范畴等有关。

3. 有定与无定

汉语没有冠词（article），但存在"有定（definite）／无定（indefinite）"这一语法范畴，并可以通过相应的语法形态表现出来。从语义上看，有定的指称外延是确定的，包括类属、特定个体及其附属或关联部分，而无定的指称外延不确定，主要体现为任意个体，也包括某些外延或内涵不确定的个体集合等。

陈平（1987）认为"定指"和"不定指"的区别在于谈话双方是否对指称对象达成了共识。当说话人用某个名词指出对象时，如果预计听话人可以将该对象与语境中的某个成分等同起来时为"定指"，否则为"不定指"。"定指"包括使用专有名词表示的独一无二的个体和通过场景或语篇可以特定的对象等。

陈平的"定指（identify）/ 不定指（nonidentifiable）"与一般提到的"有定（definite）/ 无定（indefinite）"术语不同，但功能基本相同。为陈述方便，以下使用"有定 / 无定"这对概念。

東郷雄二（1999）援引 Fraurud（1996）的观点，将名词短语的指称对象分为以下三类。

(31) a. Individuals： 独立性个体。一般回答 Who? Which one? 等
　　　　 疑问对象，其典型为专有名词。如：拿破仑、夏目漱石。
　　 b. Functionals： 根据与语境中某个锚定物（anchor）的相互
　　　　 关系来确定的对象。一般回答 Whose / of whom / which
　　　　 等疑问对象，其典型为有定名词短语。如：我的表弟。
　　 c. Instances：类属中的个例。一般回答 What? 等疑问对象。
　　　　 其典型为不定名词短语。如：一种奶酪。

根据東郷雄二的观点，判断名词是否有定的方法有两种，一种是依据场景或语篇，另一种是依据谈话人的百科知识。百科知识也分为两类，一类是根据指称对象的唯一性来确定，如"太阳、宇宙、拿破仑"等，另一类是根据对象所属类属的唯一性，如"狮子、鲸鱼"等。"太阳、宇宙"等属于专指，"狮子、鲸鱼"等属于总称性类指。

東郷雄二提到的"相互关系"，相当于久野暲（1973）提出的"照应（anaphora）关系"。久野将"照应关系"分为以下三种：

(32) a. 场景(外部)照应：以谈话双方所处场景为参照的特定个体
　　 b. 语篇(内部)照应：以谈话的前后语境为参照
　　 c. 有定个体照应：以有定个体为参照的附属物或关联部分

根据上述分析可以看出，判断专有名词和类指名词是否有定，主要

依据百科知识。而判断一般名词短语是否有定，主要依据场景、语篇以及锚定物（anchor）。同时，锚定物的确立本身也涉及百科知识、场景、语篇等。此外，判定不定 NP 的指称对象也会涉及类属范畴的百科知识，所以"有定／无定"虽然属于语法范畴，但与语用条件密切相关。

(33) a. 老舍是《骆驼祥子》的作者。
　　 b. 1981 年的美国总统是里根。
　　 c. 马铃薯就是土豆。
(34) a. 老师表扬了我的作文。
　　 b. 妈妈不在家。
　　 c. 这本书的作者是我们班老师。
(35) a. 家里来了一个客人。
　　 b. 他点燃了一支香烟。

(33)"老舍、《骆驼祥子》、美国总统、里根、马铃薯，土豆"是否有定，主要依据百科知识来判断。(34a)"作文"的锚定物是"我"，"老师、妈妈、家"的锚定物也是"我（说话人）"。(34c)"作者"以"这本书"为锚定物，而"这本书"的有定则依赖于场景或语篇。"我们班老师"的有定也依赖于说话人。(35)"一个客人、一支香烟"属于无定 NP，其指称对象一般依据"客人、香烟"等类属范畴的有关百科知识来确立。"一个客人"作为个体虽然无定，但其类属范畴是确定的。所以"无定"实际相当于"某一有定类属中的不定个体（角色）"这一概念。

3.1. 专有名词

前面提到，由于判断有定无定涉及谈话双方的共有知识、场景和语篇等多种因素，因此，"有定／无定"也是一对相对性概念，一般要根据实际的语义或语用条件来判定。

我们认为，有定一般是指在谈话双方知识域中拥有特定坐标的指称对象。典型的有定指向个体，也包括某些个体集合以及类属。不过，根据语义或语用条件，其有定的程度会出现差异、且会出现角色或值的不同解读。因此，确定某个名词短语是否有定、以及有定的程度，需要依据谈话双方知识背景和使用场景来判断，即使专有名词也不例外。

例如，(33a)"老舍"的指称对象一般是依据谈话双方共有知识来确立的。《骆驼祥子》也如此。由于谈话双方的知识背景并不相同，因此对于知道"老舍"和《骆驼祥子》的人来说，其指称对象相当于值指称，但对于缺少相应知识的人来说相当于角色指称，类似"叫老舍的人"或"名为《骆驼祥子》的作品"。这个"(叫)老舍(的人)"虽然在个体(值)上并不确定，但在句法上仍属于有定 NP。

(36) a.《骆驼祥子》的作者是谁？
　　— b. 是老舍。
　　— c. 老舍是谁？

(36a)"《骆驼祥子》的作者"相当于语篇角色，(36b)"老舍"在说话人一方是特定个体，但对于不知道"老舍"的人来说，相当于"叫老舍的人"。(36c)"老舍"相当于语篇角色，表示"这个叫老舍的人"或"你说的老舍"。由于"老舍"在这一场景成为获得谈话双方共识的谈论对象，因此不论其作为个体是否确定，都属于有定 NP。

专有名词与普通名词一样，也具有内涵和外延两个方面，在语义上具有指称和属性陈述这两个功能。专有名词的属性主要体现为名称属性，如上述"叫老舍的人"中"老舍"表示名称属性。"一个叫老舍的人"在语义上，与"一个客人"一样，也表示某类属的一个成员。不同的是，"一个客人"是诸多成员中的一个，因为不知道是哪个而成为不定 NP，而专有名词"老舍"只有一个成员，不论是否知道该成员，都会根据百科常识而知道"老舍"指向唯一个体，因此在语义上有时会视同为特定个体。这一点有别于"一个客人"。

3.2. 有定 NP 与 "一个 NP"

例(34)"老师表扬了我的作文"的"我的作文"以"我"为锚定物成为有定 NP,而"老师"是根据谈话双方的知识背景或语篇等成为有定 NP,其锚定物也是"我(们班)"。

有定 NP 可以是有定个体(值),也可以仅仅是有定角色,其判定一般要依靠百科知识或使用场景。例如:

(37) a. 我一起床就打开(*这个 / *那个)电视。
　　 b. 一回到家就躺到(*这张 / *那张)床上不想动了。
　　 c. 你把(?这个 / ?那个)门关上。

(37a)"电视"、(37b)"床"通过锚定物(说话人)获得有定,这种关联性一般是依靠百科常识来决定的。(37c)"门"可以通过场景来确定,但有时也要依靠百科常识。

参照锚定物而获得有定的上述 NP 与表示回指的 NP 有所不同,一般使用光杆名词,很少使用"这 / 那"等指示词。类似的现象在英语里也能看到,在英语里,这类 NP 一般使用"the～",很少使用"this、that"。同样,在日语里也很少使用「こ、そ、あ」等指示词。

(38) a. 坐上出租车后,我跟(*一个 / *那个)司机说去机场。
　　 b. 一上飞机,我就跟(一个 / *那个)乘务员要了一杯饮料。

(38a)"司机"参照"出租车"而有定。根据常识,出租车只有一个司机,因此不用"一个 NP",由于不是直指,也不能使用"那个 NP"。(38b)"乘务员"依据常识为复数,可以使用"一个 NP"。这里的"乘务员"相当于以"飞机"为锚定物的有定集合,"一个乘务员"相当于有定集合中的一员。由于在"要饮料"这一命题上,所有个体都具有相同属性,因此不论使用"一个乘务员"还是"乘务员"都能成立。

第 1 章 名词短语的指称功能　　21

　　根据照应关系，话题中的锚定物为有定的话，其附属物或关联部分也会解读为有定。如(38b)的"飞机"作为锚定物，提供了一个特定的使用场景，在这一场景下，乘务员或机内设施会视为有定。这类有定 NP 相当于有定角色，作为个体是否有定还需要依靠语境来判断。

　　除了锚定物以外，某些有定集合中的成员也可以获得相应的有定性。如"这架飞机上的乘务员"或"我们班的老师"可以解读为有定 NP，而"这架飞机上的一个乘务员"或"我们班的一个同学"等"(一)个 NP"也可以获得相应的有定性。因此，这类"(一)个 NP"可以用于"把"字句的宾语、或"被"字句的主语。以往的研究认为，这类句式一般要使用有定 NP，但实际上也可以接受"一个 NP"。

(39) a. 昨天，小李把（班里的）一个同学打伤了。
　　　b. 昨天，（班里的）一个同学被小李打伤了。

　　上述"一个同学"作为有定集合"（我们）班里同学"的一员而获得相应的有定性。这里的"(一)个 NP"也可以换成"谁"等疑问词。

(40) a. 小李把（班里）谁（／哪个同学）打伤了？
　　　b. （班里）谁（／哪个同学）被小李打伤了？

　　"谁"等疑问词属于典型的不定 NP，但在"小李打伤班里某个同学（X）"这一命题中，"班里某个同学 X"相当于语义角色，"谁"求证 X 与值之间的同一性。相当于问"小李打伤的同学 X 是谁？"。表示这种语义关系时，"谁"也可以进入"把"字句或"被"字句。因此，我们认为，"把"字句和"被"字句并不排斥"(一)个 NP"或"谁"等疑问词，而是排斥缺少语境支持的、在语义角色上不确定的成分。

　　同样，针对某个事件进行陈述时，该事件的参与者也会以事件为参照物而获得相应的有定性。

(41) a.?强盗把一个人杀了。

　　b.强盗把他们村的一个人杀了。

(42) a.?一个职员被解雇了。

　　b.（我们）公司的一个职员被解雇了。

(43) a.?他把一个孩子救上来了。

　　b.我看见他把一个孩子救上来了。

　　(41b)(42b)的"一个NP"以"他们村、（我们）公司"等有定集合为参照获得相应的有定性。而(43b)"我看见"提供了一个事件场景，在这一场景中，"一个孩子"也获得了相应的有定性。在语义上类似有定集合中的一个成员，有时可能是说话人实际看到的某一个体。

　　因此，我们认为"有定／无定"也属于相对性概念，可以是个体（值）上的有定，也可以是角色上的有定。从句法上看，有定NP相当于取得谈话双方共识的指称对象。因此句法层面的有定NP首先是有定角色，而作为个体是否有定（特定）需要依靠场景、语篇、以及谈话双方的知识背景等语用因素来确定。

3.3. 光杆名词

　　以往的研究认为，有定无定主要涉及个指，与类指无关。不过，如同Carlson（1977）指出的，类属相当于抽象个体（abstract individual），在表示指称上，与专有名词具有类似的语义倾向，如不受特定的时空制约，主要通过百科知识来确认其指称对象等。另外，在表示总称时，类指名词表示类属集合，不涉及其内部个体，且在外延上与其他类属之间形成区分性和特定性。因此，类指在表示特定类属、或相对于其他类属表示区分时相当于有定NP。

　　光杆名词表示的指称对象，同专有名词一样主要是通过百科知识来确定的，它不论表示类指或有定个指时，都可以无标。相反，在汉语里，表示无定时往往需要有标化，如"一个NP"等。从这个意义说，类指和专有名词一样，在语义上相当于有定 NP。表示类指时一般依据百科知识来判定，而表示个指时则依据场景、语篇或锚定物来判定。

根据上述分析，我们把有定 NP 分为以下几种：

(44) a. 具有唯一性的指称对象（个体或类属）

b. 根据场景（外部）或语篇（内部）而特定的指称对象

c. 以有定个体或有定集合为锚定物的附属物或关联部分。

(44a)主要指专有名词或类属名词，一般通过百科知识来确认其指称对象，它可以指向个体，也可以指向"恐龙、狮子、学生"等类属，以及"（美国）总统、首都"等介于二者之间的指称对象。(44b)是通过场景、或语篇来确认的指称对象。(44c)是以有定个体或有定集合为锚定物的附属物或关联部分。除此以外，以特定事件为参照的指称对象也可以获得相应的有定性。上述有定都是相对的，其有定的程度会有所不同。而且在角色上有定、还是在个体（值）上有定也会有所不同。

4. 实指（特定）与虚指（非特定）

"实指／虚指"的区别在于谈话人的意识中是否有一个特定的指称对象。有些研究将"实指／虚指"视同"有指／无指"。我们认为，"实指／虚指"属于语用层面，前提是有所指。相反，"有指／无指"属于语义层面，区别在于是否具有指称性，属于不同的概念。

"实指／虚指"与一般讨论的"特定／非特定"类似。为表述方便，以下主要使用"特定／非特定"，仅在必要时使用"实指／虚指"。

前面提到，语言中的指称对象并不等于外在于语言的客观事物，而是一种认知心理上的标的物概念，它可以是角色、值、以及抽象的属性载体概念等，因此，名词短语在不同条件下会形成不同的指称义。"实指（特定）／虚指（非特定）"也属于其中的一个现象。

4.1. "一个NP"的特定与非特定

在汉语里，"（一）个NP"属于不定NP的典型形式。它可以用于指称，表示不定个体，也可以用于陈述，表示个体属性。

(45) a. 他有<u>一个贤惠的妻子</u>。
　　 b. 她在学校是一个好教师，在家里是<u>一个贤惠的妻子</u>。

(45a)划线部分的"一个NP"表示指称，(45b)表示属性。由于"妻子"具有唯一性，因此(45b)的"一个"并不表示数量，相当于个体化标记。(45a)"一个NP"的功能是在语篇中引入一个新的指称对象。当说话人预设听话人知识域中缺少该对象的坐标时，会使用这种无定形式。

根据陈平（1987）的观点，表示指称的"一个NP"可以分为实指（特定）和虚指（非特定）。例如：

(46) a. 老杨想娶一个北京姑娘。
　　→ b. 某一特定的北京姑娘。　　（实指）
　　→ c. 任意一个有北京户籍的姑娘。　（虚指）

(46b)表示特定个体，（46c）表示非特定个体。有些研究认为(46c)的"一个NP"相当于无指。我们认为，这个"一个NP"不是无指，而是角色指称。(46a)"一个北京姑娘"作为角色，在语用上可以指向(46b)的特定值，也可以指向(46c)的非特定值。无论这个值是否特定，"一个北京姑娘"都不是无指，也不表示属性。

"特定／非特定"属于语用层面的解读，在句法层面没有明确的标记。有一些研究认为，特定（实指）一般可以在后续句中回指，而非特定（虚指）不能回指。实际上，这里的"一个NP"既然属于有指NP，就有可能在后续句中得到回指，但可能会因为"特定／非特定"而出现某些差异。例如：

第 1 章 名词短语的指称功能　25

(47) 特定（实指）

　　a.老杨娶了一个北京姑娘，听说她(/那姑娘)是教汉语的。

　　b.老杨想娶一个北京姑娘，听说她(/那姑娘)是教汉语的。

(48) 非特定（虚指）

　　a.老杨想娶一个北京姑娘，她(/*那姑娘)最好能教汉语。

　　b.老杨想娶一个北京姑娘，她(/*那姑娘)最好是教汉语的。

　　(47a)是已然事件，(47b)是未然事件，两个句子都表示真实命题。"一个北京姑娘"引入了一个语篇角色，含有一个特定值，可以在后续句中使用"她"或"那姑娘"来回指。而(48a)(48b)是一个虚拟命题，"一个北京姑娘"为虚指，相当于"任意一个具有北京户籍的姑娘"，含有一个非特定值。这个值也可以在后续句中得到回指，但因为是非特定值，无法确定是哪一个，所以不能使用"这/那"等指示词。

　　下述例句也如此。

(49) a.万一有<u>客人</u>来，你一定要把他（/?这个客人）留住。

　　b.要是有人送<u>钱</u>来，你就把它（/*那笔钱）收下来。

　　c.要是有<u>人</u>打电话，你跟他（/?那个人[2])说我不在。

　　d.<u>有的人</u>活着，他（/*这个人）已经死了；有的人死了，他（/*这个人）还活着。

　　上述句子表示虚拟、或不确定命题，划线部分提示的角色含有一个非特定值，可以用"他"或"它"来回指，但不能用指示词回指。

　　東鄉雄二（2002）认为"特定"是在谈话双方共有知识域中，有一个与其对应的个体，而"非特定"缺少这一个体，因而与其类属特征发生联系。我们认为，"特定"相当于在谈话双方共有知识域中的、某个已经、或可以识别的个体（特定值），而"非特定"属于尚未、或无法识别的个体（任意值），后者可以是任意的、或虚拟的个体。

不过，有些角色在特定场景下会与个体（值）发生分离，如例(8a)"美国总统是里根"中的"美国总统"相当于与值分离、或含有一个未定值的角色函数，这类角色一般不能回指。因此，角色根据不同场景也会形成不同解读，在一般语境下，角色含有一个值（默认值），它可以是特定值，也可以是非特定值，这个角色可以回指。但在某些语境下，角色会与值分离，这个角色（通常为语篇角色）不能回指。

大河内康宪（1985）认为，汉语的"一个NP"具有"个体化"功能，在下述句中，"（一）个NP"可以解读为某一特定个体。

(50) a. 他在等学生。

   b. 他在等一个学生。

   c. 他在等一个女学生。

与(50a)相比，(50b)指向特定个体，(50c)"一个女学生"相当于进一步细化的个体概念，指向特定个体的倾向性更强。下述例句也如此。

(51) a. 小李在等一辆出租车。

   b. 小李在等出租车。

(52) a. 外边有人找你。

   b. 外边有（一）个人找你。

(53) a. ?你来的路上看见钱包了吗？

   b. 你来的路上看见一个钱包了吗？

(51a)"一辆出租车"有两种解读，一种是事先约好的一辆车，小李在等那辆车。另一种是小李事先没约车，在等任意一辆可能到来的出租车。前者表示特定个体，后者表示任意个体。这种语义上的差异，主要依据谈话双方的知识背景来判断。当说话人特意使用"一辆"时，往往暗示事先约好了一辆出租车。(51b)"出租车"是类指，指向该类属的任意个体，即任意一辆出租车。这个"出租车"在类指上为有定，在其内部成员上为无定。

（52a）"有人"指向任意个体，可以是复数，而（52b）"有（一）个人"指向特定个体，可能是说话人实际看到的某个人。

（53a）不自然。因为"钱包"不论是类指，还是"任意一个钱包"都不是路上随时可以见到的，有违常识。但（53b）可以成立，它暗示说话人丢了一个钱包，想问对方是否看到这一特定个体。

(54) a. 明天有人来吗？

　　　 b. ?明天有（一）个人来吗？

（54）表示不确定命题，无法提示特定个体，只能使用类指。

另外，表示日常的重复性行为时，"（一）个NP"也会有不同解读。

(55) a. 每天都看见窗外有一只鸟。

　　　 b. 每次派一个学生参加。

(56) a. 每天喝一杯咖啡。

　　　 b. 每天吃一个苹果。

（55a）"一只鸟"解读为特定个体时，表示看到同一只鸟，解读为非特定个体时，可能是不同的鸟。（55b）也如此。这类句中的个体是否需要进行区分，有赖于说话人的语用意图和实际语境。

（56）从逻辑上看，应当解释为不同个体，因为每天不可能喝同一杯咖啡、吃同一个苹果。但实际上，我们很少对这类个体进行区分，这是因为，"喝咖啡"和"吃苹果"表示行为，作为行为对象的"（一）个NP"指代的任何一个个体（值）都具有相同属性。如无必要不必特意去区分。这也可以说明，"特定／非特定"属于语用层面的解读。如何进行解读、以及是否需要做不同的解读，有赖于使用场景和说话人的语用意图等。

4. 2. 有定 NP 的特定与非特定

有定 NP 也会涉及特定和非特定的问题。

Carlson（1977）认为有定 NP 根据不同语境也会改变指称义，其指称对象会形成"透明"（transparent）和"不透明"（opaque）这两种解读。我们认为，"透明"的解读相当于该角色含有一个特定值，而"不透明"的解读相当于该角色含有一个任意值。

(57) 刺杀里根的犯人精神不正常。
　　　a. 犯人＝透明　　（→ 值）
　　　b. 犯人＝不透明（→ 角色）

"刺杀里根的犯人"含有一个特定值时，指向某个白人青年，表示该青年的精神不正常。在这种语义下，即使这个白人青年不刺杀里根，他仍然精神不正常。如果"犯人"含有一个任意值时，表示刺杀里根的人不论是谁，精神都不正常。在这种语义下，如果白人青年是犯人的话，他精神不正常。如果不是的话，那么他可能精神正常，而另外有一个精神不正常的犯人。

我们认为，上述句中的"犯人"作为有定 NP，相当于含有一个默认值的语义角色。当角色透明时，指向特定值，这时"犯人"相当于一个指代性称谓，名词的内涵属性不再是辨认对象的手段。当角色不透明时，"犯人"指向非特定值，由于值不确定，因此名词的内涵意义（角色属性）成为辨认对象的手段。同样，下述句中的"犯人"也属于语义角色。

(58) a. 谁是刺杀里根的犯人？
　　　b. 刺杀里根的犯人是谁？

根据西山佑司（2003）的观点，"犯人"是一个变项 NP，相当于"X 是刺杀里根的犯人"这一事件命题中的一个函数项。疑问句求证"谁"

与 X 之间的同一关系。这里的"犯人"虽然为有定 NP,但并不指称实体,而是指向一个函数项。

综上所述,我们认为,有定 NP 和不定 NP 首先体现为角色的有定与无定。有定 NP 首先是一个有定角色,属于取得谈话双方共识的某个指称对象,而不定 NP 相当于尚未取得谈话双方共识的某个角色。不论角色是否有定,我们根据百科知识知道它会含有一个默认值。这个值可能指向特定个体(特定值),也可能指向任意个体(非特定值),同时在某些语境下也可能是一个未定值。

从这个意义说,指称对象首先体现为句法层面的角色指称,它分为有定和无定。而角色含有一个默认值,这个值在语用上解读为特定和非特定。因此,"有定/无定"与"特定/非特定"属于不同层面。不仅无定 NP 会涉及到"特定/非特定"的问题,有定 NP 也会涉及"特定/非特定"的问题。由于"特定/非特定"属于语用层面的概念,因此在多数语言中都缺少相应标记,需要根据语境来辨认。

5. 场景指称与语篇指称

有定 NP 表示指称时分为场景指称(也称现场指称)和语篇指称(也称篇章指称)。山梨正明(1992)将这种指称视为针对概念所指物的一种照应关系,分别称为"场景照应(外界照应,exophoric)"和"语篇照应(文脉照应,endophoric)",做了如下分类:

(59) 山梨正明(1992)的分类

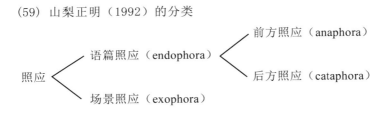

場景照应相当于直指（deictic reference），篇章照应相当于非直指。不过，直指并不限于场景，实际上，专有名词也属于直指，如"太阳、宇宙、里根、老舍"等指称对象也都不依赖场景或语篇，而是依赖百科知识的直指用法。另外，人称词在场景照应中相当于直指，但在语篇照应中相当于非直指。

東郷雄二（2002）认为指示词主要用于直指，有定 NP 主要用于非直指。直指具有以下几个特征。

(60) a. 依赖场景和场景中的事物。
　　　b. 不依赖指称词的词汇意义
　　　c. 不涉及指称对象的名称或属性范畴
　　　d. 可以通过新的指称来切割指称域。（如：我不要这个，要这个和这个）

非直指具有以下几个特征。

(61) a. 依据篇章的前后关系。
　　　b. 依据指称词的词汇意义。
　　　c. 涉及指称对象的名称或属性范畴
　　　d. 不能分割指称域。

不过，上述指示词主要是单独使用时的情况，如果换成"指示词＋NP"的形式的话，情况会复杂得多，不仅涉及场景，也会涉及到语篇以及百科知识等。

例如，用于场景照应的直指一般是通过实际指认来实现的，但这种现场指认同样也会涉及知识、场景和语篇等不同场域。即使说话人手指着实物进行指认时，同样会依据概念范畴、或知识背景等而形成不同的指称义。

（62）a. 我要这个苹果。

　　　b. 这个苹果我要两斤。

（63）a. 我认识这个学生。

　　　b. 我不认识这个学生。

（62a）指着实物说"这个苹果"时，相当于直指。可以指向特定个体（这个苹果），也可以指向特定类属[3]（这种苹果），而（62b）一般指向特定类属。

同样，（63）"这个学生"可以指面前的人，也可以指照片上的人，相当于现场直指。但指称对象不在现场，而是语篇中出现的人，相当于"（你说的）这个学生"时，也会出现不同解读。"这个学生"可以是知识域中的特定个体，也可以是谈话涉及的某个语篇角色。这时的"这个学生"有可能是非直指。

从这一点看，现场指称和语篇指称之间的差异，也不仅仅是场域的差异，同样会涉及百科知识和概念范畴等因素。因此，我们说语言形式的指称对象并不等于外在于语言的客观事物，而是概念模式与指称对象之间形成一种心理映射关系。不论"直指／非直指"、"场景指称／语篇指称"、或"值指称／角色指称"的解读等，都与这种心理映射有关，而不仅仅是语法语义上的问题。

6. 小结

以上，对分析"是"字句时可能涉及到的名词短语的功能做了一个简单的梳理。

我们认为，名词短语的指称功能和陈述功能，与名词自身的外延与内涵意义有关，同时也与句式语义结构、使用场景、谈话双方的背景知识等因素有关。因此，名词短语的指称功能和陈述功能并非相互排斥、绝对性的对立关系，而是一种相互对立、而又相辅相成的相对性对立关系，而且会根据不同的使用场景而发生转化。

同样，名词短语涉及的"有指／无指"、"有定／无定"、"特定（实指）／非特定（虚指）"、"类指／个指"等也属于相对的对立性概念。在实际话语中，受句式语义以及语境的影响，也会相应地发生变化。名词短语这些特性必然也会影响到汉语"是"字句的语义结构和功能，是分析"是"字句时需要考虑的重要方面。

在上述分析中，我们参考 Fauconnier 的"心理空间"理论，引入了"角色"和"值"这一对概念。借助这一对概念，可以对名词短语的功能、以及"是"字句的句式功能等进行更为细致的分析。

注释

1) "非特定（任意）值"表示任意一个可能存在的值，但某些情况下也可能不存在，而"未定值"表示可能存在的某个值，但不知是哪一个。

2) 在特定语境下，当说话人预设某个人会来时，有时也会使用"那个人"，但需要有语境支持。

3) 这里的类属不是抽象的类，而是受到时空限制的特定类属，有时也可以理解为特定的子类或个体集合。

第2章

"是"字句的句式类型

1."是"字句

现代汉语中,典型的判断句是"是"字句,由名词成分做谓语的"名词谓语句"也属于判断句,但在句式结构和功能上与"是"字句有所不同。我们将在第4章讨论名词谓语句,本章主要讨论"是"字句。

吕叔湘主编(1980)《现代汉语八百词》将"是"字句的功能分为以下几种。

(1) 表示等同。"是"前后部分一般可以互换,意思不变。

　　a.《阿Q正传》的作者是鲁迅。

　　b. 鲁迅是《阿Q正传》的作者。

　　c. 他最佩服的是你。

(2) 表示归类。名词表示类属,前后两部分不能互换。

　　a. 我是北京大学中文系的学生。

　　b. 鲸鱼是哺乳动物。

　　c. 你说的是将来的事。

(3) 表示特征或质料。主语限于名词,"是"后面的名词一般要有修饰语。"是"有时可以省略。

a. 这小孩〔是〕黄头发。

b. 那两套茶具都是唐山瓷。

c. 围墙不是砖墙，而是密密的柏树。

(4) 表示存在。主语一般为处所词，"是"类似"有"。

a. 山坡上全是栗子树。

b. 他满身是泥。

c. 遍地是鲜花。

(5) 表示领有。主语限于名词，"是"类似"有"。

a. 这张桌子是三条腿。

b. 我们是一个儿子，一个女儿。

(6) 表示其他关系。

a. 人是铁，饭是钢。

b. 他还是一身农民打扮，跟原先一样。

(7) 主+是+动+的+宾。表示某种已实现的情况。"是"可省略。

a. 我是昨天买的票。

b. 我们是看的话剧，不是看的电影。

c. 是谁告诉你的?

上述分类可以归纳为：等同、类属（归类）、性状（包括质料）、存在、领有等几种语义关系。其中，(6)属于类属和性状的引申用法，(7)是"是……的"句，属于"是"字句的衍生句式。

张和友（2012）认为现代汉语"是"字结构对应的核心语义类型是"名物$_1$等同／归属于名物$_2$"，并根据句法跟语义之间的对应关系分为典型、准典型和非典型三类。

(8) 典型"是"字结构

句法形式：NP$_1$ 是 NP$_2$

语义形式：名物$_1$ 等同／类属 名物$_2$

a. 凶手是国王的兄弟。（等同，identifying，简称 ID）

b. 小张是北京大学的学生。（属性，attributive，简称 AT）

（9）准典型"是"字结构

句法形式：VP（含小句 S）/ VP 的 是 VP / NP / PP

语义形式(转类)动作或事件实体 断定 (转类)动作实体或属性特征

a. 清除是自卫。（VP 是 VP）

b. 讲课是件辛苦的事。（VP 是 NP）

c. 眼睛红是熬夜熬的。（VP 是 拷贝性 VP 的）

d. 志愿军跨过鸭绿江是在 1950 年。（事件实体 是 属性）

（10）非典型"是"字结构

a. 这个男人是日本女人。（语义特异型"是"字结构）

b. 我是昨天进的城。（聚焦式"是……的"结构）

c. 他是去图书馆了。（确认型"是"字结构）

d. 我喜欢音乐，尤其是喜欢古典音乐。（断定悬空型"X是"结构）

e. 我喝酒是自己的钱。

　　张和友的上述分类对理解"是"字句的句式类型富于启迪性，有助于理解不同词类在"是"字句中的功能。其典型句式、准典型以及非典型句式划分也有助于了解"是"字句语义引申以及句式扩展状况。

　　相对于汉语的"是"字句，日语的名词判断句（名詞述語文）可以分出更多类型。这与日语中存在「は／が」等（格）助词体系、以及语序变换更为自由有关。

　　高橋太郎（1984）将日语名词判断句（名詞述語文）分为以下四类。

（11） A. 動作づけ（表示动作）

　　　　わしは絶交だ。 ／ 我（跟他）绝交。

B．状態づけ（表示状态）

　　震災の時は彼女は一年生だった。／震灾时她是一年级学
　　生。

C．性格づけ（表示性质）

　a．性質づけ（内包）（表示性质，内涵属性）

　　彼女は陽気な性質だ。／她是开朗的性格。

　b．種類づけ（外延）（表示类属，外延范畴）

　　さそりは虫よ。（類づけ）／蝎子是虫子。（类属）

　　太郎はよい人間だ。（種づけ）／太郎是好人。（子类）

　　わたしは畜生だった。／我（那时）是个畜生。（类比）

D．同一づけ（表示等同）

　a．現象形態が異なる（表象形态相异）

　　これは昨日の切符だ。／这是昨天的（那张）票。

　b．現象形態が異ならない（表象形态相同）

　　こちらは高崎さん。／这位是高崎先生。

　　パンを食ったのはおれだ。／吃面包的是我。

　　上述分类主要基于句式的语义功能。高橋太郎认为，上述A类句表示的语义关系相当于动词句，C类句的a（性质）相当于形容词句，C类的 b "类属"和D类句属于名词句，B类句则可以反映动词句、形容词句和名词句这三种句式的语义关系。从A、B、C、D类的相互关系看，A、B、C类涉及事物的内涵属性，而D类涉及外延范畴。同时，A、B类涉及时间范畴，而C、D类不涉及时间范畴。另外，A类表示动态属性，而B、C、D类表示静态属性。

　　高橋太郎还指出，上述句式之间没有严格的界线。有些句式属于跨句式的交叉关系，而且同一个句式在不同语境下会表示不同语义关系。另外，有些句式语义虽然类似形容词句、或动词句，但受名词判断句自身的句式形态和功能制约，并不完全等于形容词句或动词句。

西山佑司（2003）对日语的名词判断句做了更细致的分类，一共分出六个类，其中三个类又各分出两个小类。

(12) 1. 措定文（陈述句）：あいつは馬鹿だ。／那家伙是傻瓜。
　　　2. a. 倒置指定文（宾格指别句）：幹事は田中だ。／干事是田中。
　　　　　b. 指定文（主格指别句）：田中が幹事だ。／田中（才）是干事。
　　　3. a. 倒置同定文（宾格识别句）：こいつは山田村長の次男だ。／这小子是山田村长的二儿子。
　　　　　b. 同定文（主格识别句）：山田村長の次男がこいつだ。／山田村长的二儿子是这小子。
　　　4. a. 倒置同一性文（宾格等同句）：ジキル博士はハイド氏だ。／杰克尔博士是海德先生。
　　　　　b. 同一性文（主格等同句）：ハイド氏がジキル博士だ。／海德先生（就）是杰克尔博士。
　　　5. 定義文（定义句）：眼科医（と）は目のお医者さんのことだ。／眼科医生是治眼病的医生。
　　　6. 提示文（主格提示句）：特におすすめなのがこのワインです。／特别推荐的是这种葡萄酒。

通过西山佑司的上述分类，可以看出日语不同句式之间的细微差别。如上述分类中，表示"等同"的句式分出三个大类（2、3、4类）六个小类，而在以往有关"是"字句研究中一般都归入"等同"这一类。上述分类有赖于日语的「は／が」等助词形态标记，不一定完全适用于汉语，但其中有些分类方法值得参考。

東郷雄二（2005）参考英语系词（be）句的分类方法，将日语的名词判断句（コピュラ文）分为以下四类。

(13) a. 記述文（predicational sentence）/ 陈述句

主语 A 表示指称，谓语 B 陈述其性质、作用或归属等。

花子は背が高い。 / 花子个子高。

b. 指定文（specificational sentence）/ 指别句

主语 A 为变项（variable），谓语 B 表示变项的值。

この班の班長は山田だ。 / 这个班的班长是山田。

c. 記述的同定文（descriptionally identifying sentence）/ 识别句

主语 A 为有指，谓语 B 通过陈述来说明其指称对象。

山田？ 山田って誰？ / 山田？ 山田是谁？

—— 山田というのは昨日私の試験でカンニングした学生
だ。 / 山田是昨天在我的考试上作弊的学生。

d. 同一性文（identity statements）/ 等同句

主语 A 和谓语 B 具有同一性。

ジキルはハイドだ。 / 杰克尔（就）是海德。

東郷雄二认为上述四类句式反映了不同的语义关系和句式功能，但句式之间的界线是模糊的，而且同一个句式在特定语境下也会转变为其他句式。

我们参考上述分类方法，从句式语义功能角度，将汉语的"是"字句分为以下两大类、五个小类。

(14) Ⅰ．属性陈述句

1. 类属：张老三是（个）农民。

2. 性状：这孩子是黄头发。

Ⅱ．对象指称句

3. 指别：《骆驼祥子》的作者是老舍。

4. 识别：老舍是《骆驼祥子》的作者。

5. 等同：周树人（就）是鲁迅。

第 2 章 "是"字句的句式类型　39

上述句式属于"是"字句的基本句式。不同句式之间会出现语义或功能上的交叉现象，有些句式语义需要依赖实际语境才能判断。除了上述句式以外，"是"字句还有很多变体句式，如"是"字表示焦点的句式、主谓谓语句、以及"是……的"句等。

2. 属性陈述句

属性陈述句（简称"陈述句"）的基本功能是由主语 NP 提示一个指称对象，谓语部分（是＋NP）对其进行判断或说明。属性陈述句可以分为"类属陈述"和"性状陈述"这两类句式。类属陈述是从类属范畴的角度进行陈述，表示类属、类别或归属等语义关系，相当于从类属范畴上对事物进行区分（分类）。而性状陈述是从事物的某个内在、或外在属性特征角度进行陈述，表示事物的性质或状态，相当于对事物的某个属性侧面的说明。属性陈述句在语义上具有以下几个特征。

(15) a. 主语一般为有定 NP，可以是个指，也可以是类指。宾语表示其属性。

b. 主宾语的位置不能互换。

c. "是"一般轻读，重音在宾语部分。

2.1. 类属陈述

下述句子表示类属陈述。

(16) a. 张老三是(个)农民[1]。（成素与类属）

b. 鲸鱼是哺乳动物。　　（类属与上位类属）

c. 这本书是我的。　　　（领属关系）

(16a)主语"张老三"为个指，与"农民"之间构成成素与类属的关系，可以记作〈A∈B〉关系。(16b)主语"鲸鱼"为类指（总称），宾语"哺乳动物"表示其上位类属，也相当于〈A∈B〉。(16c)表示"这本书"的领属关系，相当于广义的类属关系。

这类句式的宾语也可以使用"修饰语＋类名词"形式，表示一种相对细化的类属关系。

(17) a. 鲁迅是中国著名的文学家和思想家。

　　 b. 他是一个沉默寡言的人。

　　 c. 小李是北京大学的学生。

　　 d. 他们都是勤劳的农民。

表示类属的句式中，宾语除了使用名词性成分以外，也会使用"AP／VP＋的"形式[2]。例如：

(18) a. 雪是白的。

　　 b. 他是教书的。

　　 c. 这幅画是齐白石（画）的。

(18a)表示"雪"的颜色类别。(18b)表示职业，"教书的"在语义上相当于"老师"。(18c)表示"这幅画"的领有者或制作者[3]。"VP的"源于定语修饰结构，很少表示上位类属，主要表示某些侧面属性、或识别属性。同时，也并非所有的"～的"都表示类属，哪些"～的"表示类属，需要根据实际语义来判断。

类属陈述的典型句式语义是，主语提示一个指称对象，宾语表示其类属、类别或归属。这类句式在语义上一般伴有"A是B，而不是C"等区分性、或排他性附带语义。

有些宾语虽然不是主语的上位类属名词，但在语义功能上仍属于类属陈述。

(19) a. 珠穆朗玛峰是世界最高峰。

b. 他是这个医院的院长。

c. 老舍是一个著名的文学家。

（19a）表示"珠穆朗玛峰"的属性，尽管"世界最高峰"逻辑上具有唯一性，相当于〈A＝B〉关系，但仍属于类属陈述。同样，（19b）"这个医院的院长"，和（19c）"一个著名的文学家"在语义上也指向个体，但在功能上仍属于类属陈述。

2.2. 性状陈述

除了类属陈述以外，"是"字句还用于性状陈述，表示事物的性质和状态。

(20) a. 这个孩子是黄头发。

b. 小李是瘦高个儿。

c. 山上全是红叶。

d. 这张桌子（是）三条腿。

这类句子与类属陈述的区别在于，宾语不是主语的上位类属名词，在语义上不表示类别或归属，也不构成〈A∈B〉关系。这类句式主要表示事物在某个方面的属性特征，可以用于多种语义关系。

(21) a. 他是个热心肠。（性质）

b. 这双鞋是橡胶底儿。（成分·材料）

c. 这个房间是 16 平米。（度量·程度）

d. 房前是桃树，房后是梨树。（存在·所有）

e. 他老家是山东。（位置·所在）

f. 我和他（／我们俩）是好朋友。（关系）

上述句式表示事物的恒常属性，相当于一种性质陈述。除了性质陈述以外，这类句子也用于状态陈述。

(22) a. 刚才还是晴天，现在下雨了。
　　 b. 他们以前是夫妻，后来离婚了。
　　 c. 那时候，我每月工资是 500 元。
　　 d. 满屋子都是烟。

性质与状态的区别在于，性质属于事物的恒常属性，一般不涉及时间范畴，而状态是某个时段上的临时属性。不过，性质和状态也属于相对性区分，根据实际语境会形成不同的解读。

(23) a. 这孩子是黄头发。　　　　（性质）
　　 b. 这孩子小时候是黄头发。　（状态）

(23a)表示"这孩子"的恒常属性，说话人在意识中并不考虑时间因素或属性变化，而(23b)表示"这孩子"过去某个时段上的临时属性，现在可能发生了变化。虽然(23a)的恒常属性，从逻辑上看也可能是某个时段属性，不排除会发生变化。但在说话人意识中，它不包含"过去→现在"这一时间轴上的变化含义。相反，(23b)"黄头发"表示过去某个时段的临时属性，现在已经发生了变化。

性质和状态也属于相对的对立性关系，有时很难区分。例如：

(24) a. 多年来，他夏天总是一件破布衫。
　　 b. 我们是小米加步枪，敌人是飞机加大炮。
　　 c. 他是个胖子。

从逻辑上看，上述例句也表示某个时段上的属性，随着时间推移，可能发生了变化，但在说话人意识中是作为恒常属性来陈述的，所以也归入性质陈述。

(25) a. <u>他以前是个胖子</u>，现在瘦了很多。

  b. 我记得<u>他是个胖子</u>。

  c. <u>他生前是个胖子</u>。

(25a)划线部分表示"他"在某个时段上的状态。(25b)表示性质。两个句子的差异是，(25a)表示"他"在"过去→现在"时间轴上的变化，而(25b)表示"我"在某个时间窗口上观察到的属性，与现在是否有变化无关。同样，(25c)"他"作为个体虽然已不存在，但作为生前属性具有恒常性，也属于性质陈述。

性质陈述的对象可以是类属，也可以是个体，而状态陈述的对象主要是个体（或个体集合）。在陈述类型上，性质陈述属于非事件性陈述，而状态陈述中有些是非事件陈述，有些是事件陈述。如下述划线部分的状态相当于事件陈述。

(26) a. 整个乡村，<u>到处是喧天的锣鼓</u>。

  b. <u>小李脸上是一幅哭笑不得的表情</u>。

  c. <u>现在是红灯</u>，先停一下。

2.3. 类属与性状的区别

典型的类属陈述，其宾语 NP 一般为主语 NP 的上位类属名词，有些"修饰语＋类属名词"也属于上位类属名词。

(27) a. 小李是（一个）学生。

  b. 小李是（一个）好学生。

(27a)的"学生"是类属名词，相对于"老师"等其他类属。(27b)的"好学生"为"修饰语＋类属名词"，相对于"不好的学生"等其他子类。类属陈述主要表示以下几种语义关系。

（28）a.鲸鱼是哺乳动物。　（类属属性）

　　　b.小李是大学生。　　（个体属性）

(28a)"鲸鱼"为类指，"哺乳动物"为上位类属。(28b)"小李"为个指，"学生"为类属。这两类句子虽然都表示"成素与类属"关系，但由于主语分别表示类指和个指，会带来语义上的某些差异。

（29）a.*这头鲸鱼是哺乳动物。

　　　b.*鲸鱼是一只哺乳动物。

（30）a.这个小李是大学生。

　　　b.小李是一个大学生。

(29)的"哺乳动物"表示"鲸鱼"的归属，这种归属关系不属于个体成员，因此(29a)(29b)不成立。这种判断一般基于百科知识，不受时空限制，属于一种知识性、逻辑性判断。而(30)表示个体属性，一般会受到时空限制，其判断有赖于说话人对"小李"的了解等说话人自身的知识背景。

　　类属陈述句的宾语有时会使用"一个NP"形式。

（31）a.小李的妈妈是一个好母亲。

　　　b.小李的妈妈是一个能说会道的女人。

(31a)"好母亲"表示子类，在语义上相对于"不好的母亲"，而(31b)"能说会道的女人"不表示类属，而是表示某方面的属性特征。由于"妈妈"本身意味着是"女人"，所以，这个句子的陈述重点在"能说会道"上，在语义上相当于性状陈述。

类属与性状在语义上的区别是，典型的类属陈述一般是从类属范畴角度对事物进行的区分（分类）性、限制性判断，可以表示〈A∈B〉或〈A＝B〉等语义关系。主要表示指称对象 A 在类属范畴上属于 B，而不是 C。因此，类属陈述除了表示类属属性以外，也在外延范畴上对指称对象进行界定。这种界定相当于一种选择性、或指称性判断，伴有对类属进行指别或区分的语义特征。

与类属陈述不同，性状陈述的宾语 NP 不是主语 NP 的上位名词，在语义上主要表示事物某个方面（侧面属性）的属性特征。指称对象与侧面属性之间不构成成素与类属（A∈B）、或对应（A＝B）关系，在语义功能上有时相当于形容词句。

(32) a. 小李是大学生。

　　 b. 小李是个很用功的大学生。

　　 c. 小李是高个子、黄头发。

　　 d. 小李是个戴眼镜的人。

(32a)表示"小李"的类属，伴有"小李"不属于"大学生"以外的其他类属（如"老师"等）。(32b)表示"小李"属于"很用功的大学生"这一子类。在功能上介于类属和性状之间，实际语义要根据语境来判断。如果侧重"（很用功的）大学生"时，相当于类属（或子类），侧重"很用功"这一特征时，相当于性状。(32c)的"高个子、黄头发"表示"小李"的身体特征，在功能上接近"个子高""头发黄"等形容词。(32d)也介于类属和性状之间，用于区分是否"戴眼镜"这一群体类型时，表示类属，用于表示身体状况时，相当于性状。

从这个意义说，类属和性状也属于一种相对的对立性关系。如上述(31b)(32b)(32d)等句，如果从宾语词性角度看，属于类属陈述，如果从

"能说会道""很用功"等语义特征看，属于性状陈述。其实际语义功能也要依靠语境来判定。

同样，下述"～的"根据语境也可以分为类属或性状。

(33) a. 这本书是我的。　　　（不是别人的）
　　　b. 她是教汉语的。　　　（不是教数学的）
　　　c. 我父亲的病是慢性的。（不是急性的）
(34) a. 菊花是浅黄的。
　　　b. 这座房子是木头的。
　　　c. 我的毛衣是买的。

(33)在一般语境下表示类属，如(33a)表示领属，(33b)表示"汉语教师"这一阶层，(33c)表示疾病类型等。但这些句子也不排除在某些语境下，如涉及工作内容或身体状况时表示性状。同样，(34)各句一般表示性状，但不排除在与其他类属（白的、水泥的、自己织的）对比时表示区分性说明，转为类属陈述，

此外，表示比喻（隐喻）时，在句式形态上类似类属陈述，但在语义上相当于性状陈述。

(35) a. 人是铁，饭是钢。
　　　b. 他是个活雷锋。
　　　c. 值得信任的朋友是人生中的宝贵财富。

(35a)是通过"铁"和"钢"来类比"人"与"饭"之间的关系。(35b)通过"雷锋"说明"他"的人品。(35c)是通过"财富"说明"朋友"的性质。比喻（隐喻）是借助不同类属范畴的原型属性，来说明指称对象的性状，在语义功能上相当于性状陈述。

类属陈述是"是"字句最典型的句式语义关系，一般表示〈A∈B〉

或〈A＝B〉等语义关系，表示类属、归属或类别陈述，而性状陈述主要表示某个侧面属性，一般不表示〈A∈B〉或〈A＝B〉关系。

此外，类属和性质属于恒常属性，一般不受时空因素制约，而状态受到时空因素制约，相当于某个时段上的临时属性。后者的陈述对象通常为个体或个体集合，主要用于感知性判断、或事件性陈述。

"是"字句的典型功能是表示非事件陈述，但从上述例子，如例(26)可以看出，有些表示状态的句子可以用于事件陈述。一般地说，类属陈述和性质陈述主要用于非事件陈述，而状态陈述中，有些属于非事件陈述，有些则属于事件陈述。

影山太郎（2009）将日语的陈述功能做了如下分类。

(36) 影山太郎的分类（2009）

事件陈述（event predication）		属性陈述（property predication）
事件 Events	（临时）状态 Stage-level states	（恒常）属性 Individual-level states

上述分类将"（临时）状态"整体归入事件陈述。

我们认为，有些状态确实属于事件陈述，但也有些状态仍属于某个时段上的临时属性，可以归入属性陈述。例如：

(37) a. 小李是大学生。　　　（类属）

　　b. 这孩子是黄头发。　　（性质）

　　c. 他们以前是夫妻。　　（状态）

　　d. 你还是病人，再休息两天吧。（事件性状态）

　　e. 外边是一片锣鼓声。　（事件）

因此，我们将汉语"是"字句的陈述功能做了如下分类，其中，状态相当于跨范畴分类，有些属于属性陈述，有些属于事件陈述。

(38)"是"字句的陈述功能分类

事件陈述		属性陈述
事件	状态	类属或性质

2.4. 感知性陈述与知识性陈述

木村英樹（2012）将"有"字句分为两类，一类是通过视觉捕捉的、表示特定时空下某一个体的"知觉（感知）性"存在关系，另一类是非视觉性的、表示抽象概念之间相互关系的"知识性"存在关系。前者称为"时空间存在句"，主要表示特定时空中存在一个未知个体，宾语为不定个指，一般采用"一个NP"格式。后者称为"知识性存在句"，主要表示知识概念之间的相互关系，宾语不受数量范畴约束，可以是不定个指，也可以是有定个指或类指。

我们认为，与"有"字句相同，"是"字句也可以分为感知性陈述和知识性陈述。知识性陈述一般以百科知识、或谈话双方的共有知识为背景，而感知性陈述一般以说话人的个人实际感知、或实际场景为背景。如前面提到的例句，

(39) a. 雪是白的。
　　　b. 雪（是）挺白的。

(39a)属于知识性陈述，它不需要"雪"出现在面前，而(39b)是感知性陈述，说话人是对眼前的"雪"进行描述。因此，(39a)"雪"是类指，整个句子表示恒常属性，不受时空和场景的制约。而(39b)的"雪"是特定时空下的场景个体，"挺白的"表示状态。

除了属性陈述句以外，指称句也可以分为感知性陈述和知识性陈述。

第 2 章 "是"字句的句式类型　49

(40) a. 中国的首都是北京。　　　　（知识性）

　　 b. 《红楼梦》的作者是曹雪芹。　（知识性）

　　 c. 这场比赛的冠军是那个小伙子。（感知性）

　　 d. 电话里是个女人。　　　　　　（感知性）

3. 对象指称句

对象指称句（简称"指称句"）不表示事物的属性特征，而是表示指称对象之间的相互对应关系。指称句根据语义功能可以分为指别、识别和等同这三个类型。

(41) a. 《骆驼祥子》的作者是老舍。　　（指别）

　　 b. 老舍是《骆驼祥子》的作者。　　（识别）

　　 c. 周树人是鲁迅，鲁迅就是周树人。（等同）

(41a)"《骆驼祥子》的作者"相当于一个语义角色，"老舍"表示特定个体。这个句式的语义功能是，主语提出一个角色函数，宾语从某个集合中选出某一个体（值）来填入函数项。主语"《骆驼祥子》的作者"作为有定 NP 具有指称性，但并不指称个体（实体），而是指向某个语篇角色或属性载体。

(41b)"老舍"表示特定个体，"《骆驼祥子》的作者"表示其识别属性。在某些语境下，这个句子也可以用于属性陈述。但针对"老舍是谁？"这一问句时，"《骆驼祥子》的作者"是对"老舍"的定位或识别，具有区分性和限制性等语义特征，有别于一般的属性陈述句。

(41c)表示"周树人"与"鲁迅"之间的同一关系。谈话双方一般事先知道"周树人"和"鲁迅"这两个概念或所指，但不知道它们之间是否具有同一性。因此使用这类句式来表示两个概念、或个体之间的同一关系。

朱德熙（1978）曾就下述句子做过分析，认为如果"DJ的"（如：第一个跳下水去的）所代表的类里只包含一个成素，此时 M 和"DJ的"实际上是等同的，但即使在这种情况下，S_1 和 S_2 在语义上仍有区别。

(42) a. 小王是第一个跳下水去的。　（S_1）

　　　b. 第一个跳下水去的是小王。　（S_2）

(42a)是对"小王"的性质陈述，即"小王"是"第一个跳下水去的"那样的人；(42b)表示等同，即确认"第一个跳下水去的人"和"小王"之间的同一性（第一个跳下水去的不是别人，是小王）。说这两句话的时候，"小王"和"第一个跳下水去的人"在事实上是同一的，即指同一个人，但是"小王"和"第一个跳下水去的"这两个语言形式表示的概念完全不同。"小王"是指称对象，"第一个跳下水去的"则是从内涵上对这个指称对象的陈述。从语言形式上着眼，"小王"叫指称形式，"第一个跳下水去的"叫分析形式。在汉语里，凡是指称形式在前分析形式在后的判断句总是表示分类，分析形式在前指称形式在后的总是表示等同（朱德熙 1978）。

我们认为，在一般语境下，S_1 表示分类，S_2 表示等同，但如果上述两个句子针对下述问句进行回答时，句式语义会发生变化。

(43) a. 第一个跳下水的是谁（＝哪个人）？

　　— b. 第一个跳下水去的是小王。→ c. *他是小王。

(44) a. 第一个跳下水去的（那个人）是谁（＝什么人）？

　　— b. 第一个跳下水去的是小王。→ c. 他是小王。

(45) a. 小王是谁（＝哪个人／什么人）？

　　— b. 小王（／他）是我弟弟。

　　— c. 小王（／他）是第一个跳下水去的（那个人）。

（43a）主语"第一个跳下水去的"提示一个语篇角色，不表示个体，因此后续句不能使用"他"来回指。宾语"谁"求证角色函数的值，相当于问"哪个人"。（43b）指出这个值是"小王"，表示指别。

当（44a）主语"第一个跳下水去的"表示场景域个体时，相当于"第一个跳下水去的那个人"，表示特定个体。该个体可以在后续句中用"他"来回指。宾语"谁"问其识别属性，相当于"什么人"或"怎么个人"。作为答句，（44b）"小王"表示识别。如果听话人事先知道"小王"是谁的话，在语用上相当于等同。

（45a）会有多种解读。首先，"小王"作为专有名词，在一般语境下解读为特定个体。宾语"谁"问"什么人"，求证其识别属性。同时，"小王"也可以是场景域个体，可以指着被称为"小王"的人问"（这个）小王是谁（＝什么人）？"。作为答句，（45b）"我弟弟"、（45c）"第一个跳下水去的"都是利用谈话双方共有知识来表示识别，如果听话人如果事先知道"我弟弟"或"最先跳下水去的（那个人）"时，这个句子也可以表示等同。

另一方面，"小王"也可以解读为语篇角色，相当于"一个叫小王的人"。问话人不认识"小王"时，相当于问"这个叫小王的人是谁？"。这时的"谁"既可以问"哪个人"，也可以问"什么人"。作为答句，（45b）（45c）根据实际语境既可以表示指别，也可以表示识别。

我们看到，上述（43）（44）（45）这三个句式都不表示类属或性状，而是表示不同个体、或个体与角色之间的对应关系，主宾语都指向单一个体，因此都属于指称句。下面，我们对这三种句式再做一些说明。

3.1. 指别句

指别句可以分为"宾语（宾位）指别"和"主语（主位）指别"。

（46）a. 中国的首都是哪儿？

　　　b. 哪儿是中国的首都？

(46a)主语提出一个角色函数"中国的首都",宾语"哪儿"求证这个值,不是问"什么地方",而是问"哪个城市"。指别句的主宾语可以换位,说成(46b)。

西山佑司(2010)对日语的指别句做了如下分析。

(47) a.指定文(あの男が犯人だ／那个男子是犯人)

　　　　あの男ガ（那个男子）犯人だ（是犯人）

　　　　指示的名詞句(値)　　変項名詞句

　　　　あの男　　　　　　［Xが犯人である］

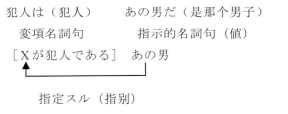

　　　　　　　指定スル（指别）

b.倒置指定文(犯人はあの男だ／犯人是那个男子)

　　　　犯人は（犯人）　　あの男だ（是那个男子）

　　　　変項名詞句　　　　指示的名詞句（値）

　　　　［Xが犯人である］　あの男

　　　　　　　指定スル（指别）

西山佑司认为,上述句中的「犯人」并不指称实体,而是指向一个带有函数项的判断命题,即"X是犯人"。该命题函数含有一个未定值,而「あの男／那个男子」等于X。整个句式求证X与值(那个男子)之间的同一关系。这类句式的主宾语可以换位,分别构成(47a)的主语指别句(指定文)、和(47b)的宾语指别句(倒置指定文)。

上述日语可以译成下述汉语。

(48) a.<u>那个男子</u>是犯人。　（主语指别）
　　　b.犯人是<u>那个男子</u>。　（宾语指别）

第 2 章 "是"字句的句式类型 53

　　汉语没有类似日语的助词标记，所以主语指别和宾语指别主要通过语序、功能或语境来决定。(48a)相当于主语指别句，它一般针对"谁是犯人？"这类问句。这个句式的主宾语可以换位，构成(48b)这类宾语指别句。其中的"犯人"相当于语篇角色，在后续句中不能回指。

　　下属例句也如此。

(49) a. 这次比赛的冠军是谁？
　　　 —（*他）是小李。
　　 b. 你最好的朋友是谁？
　　　 —（*他）是小张。
　　 c. 下学期的老师是谁？
　　　 —（*他）是王老师。

　　(49a)"这次比赛的冠军"不指向特定个体，如果在比赛之前提到这个"冠军"时，它只是逻辑上可能存在的角色。即使比赛后产生了冠军，对于不知道"冠军"是谁的人来说，依然是一个角色。

　　角色的真实性一般以命题的真实性为前提，如果命题不真实则角色也会失去实在性。例如比赛没有举行、或比赛后没有产生冠军时则冠军不存在。

　　同样，(49b)"最好的朋友"和(49c)"下学期的老师"也属于语篇角色。相当于"你有最好的朋友"或"下学期有老师"这类命题中的一个语义角色。这些角色在上述问句中处于与个体分离的状态，因此在后续句中不能使用人称词或指示词来回指。

　　跟日语的指别句一样，汉语的指别句的主宾语也可以换位。

(50) a. 谁是这次比赛的冠军？
　　　 — b. 小李是（这次比赛的冠军）。 （NP 是）
　　　 — c. 是小李。 （是 NP）

(51) a. 谁是你最好的朋友？

—— b. 小张是（我最好的朋友）。

—— c. 是小张。

(52) a. 谁是下学期的老师？

—— b. 王老师是（下学期的老师）。

—— c. 是王老师。

上述句中"谁"不问"什么人"，而是问"哪个人"。作为答句，可以使用"NP 是"，也可以使用"是 NP"。

其中，(50a)属于主语指别，(50b)作为答句继承了疑问句语序，构成"NP 是"，但也可以使用(50c)"是 NP"来回答。表示指别时，"NP 是"可以置换为"是 NP"，但"是 NP"一般不能置换为"NP 是"。例如：

(53) a. 小王是第一个跳下水的吗？

—— b. 小王是。→ c. 是小王。

(54) a. 第一个跳下水的是小王吗？

—— b. 是小王。→ c. *小王是。

这说明在汉语里，表示指别说明时，"是 NP"是一个优势句式，它可以应对主语指别问句和宾语指别问句这两种问句。这一现象与"是"作为谓语动词的功能有关，也与"是"部分地保留了古汉语中表示指称的功能有关。我们将"NP 是"称为"主语指别"或"主语指称"，将"是NP"称为"宾语指别"或"宾语指称"。同时认为，"宾语指称"是指别句、或对象指称句中的一个优势句式，它也成为推动"是"字句扩展的一个语义动因，与很多衍生句式的形成有关。

指别句在功能上相当于一种清单式选择，即在 a、b、c、d 等个体集合清单中选出某一个体。这类句子的主要功能是表示选择性指别判断，说明"哪一个"，而不是"什么"或"什么样的"。

第 2 章 "是"字句的句式类型 55

(55) a. 哪儿是中国的首都？ → 中国的首都是哪儿？

b. 谁（＝哪个人）是张老三？ → 张老三是谁？

c. 哪个是龙虾？ → 龙虾是哪个？

(55a) 要求对方在"北京、上海、南京、……"这一城市清单中选出一个城市，(55b) 是在一群人中选出"张老三"。(55c) 是一堆鱼虾类中找出一个与"龙虾"对应的个体或类属。这类指别句的主宾语可以换位，从主语指别句转为宾语指别句。不过，这种变换并非任意的，由于"是"字句的主语位置涉及语境、已知未知、预设以及句法结构等各种因素，因此主宾语的换位会受到相应制约，并非自由的。例如：

(56) a. 大家都知道这个人是谁。

→ ?大家都知道谁是这个人。

b. 我们要说的是祥子，不是骆驼。

→ ?祥子是我们要说的，骆驼不是。

(56a) "这个人"受上下文影响，是获得谈话双方共识的指称对象，一般要放在主语位置上。同样，"我们要说的"作为一个提示命题的语篇角色，一般也要放在主语位置上。

另外，下述句子虽然在句式功能上也相当于主语指别，但因为谓语不是名词性成分，所以主谓语也不能位换。对于这类句式，西山佑司 (2010) 称为"准（主语）指别句（準指定文）"。

(57) a. 谁跑得最快？

— b. 小李（跑得最快） → c. 是小李。

(58) a. 什么动物最聪明？

— b. 猴子（最聪明）。 → c. 是猴子。

(57)(58)属于述谓句式,主谓语不能换位,只有将谓语部分改为名词性"VP的"才有可能。但后者在句法和语义上会发生变化,不属于同一类句式。

不过,上述句式虽然是述谓句,但作为答句,(57c)(58c)仍然可以使用"是NP(宾语指别)"这一形式。说明在汉语里,宾语指别作为一个优势句式,在回答时可以不受问句语序的约束。

另外,下述句中的"是"一般解释为焦点指称,它在功能上也相当于指别,也使用了"是(VP)NP"形式[4]。

(59) a. 去香山最好是<u>秋天</u>(去)。

b. 我不是<u>去上海</u>,是<u>去广州</u>。

c. 夏天还是<u>哈尔滨凉快</u>。

d. 她是<u>找老李</u>,不是<u>找你</u>。

指别句、以及表示指别功能的句式是一个涉及范围很广的句式类型,其中有些句式是否表示指别,要根据实际语义功能来判定。

(60) a. 你们这儿谁是领导?

— b. 老张是领导。

(61) a. 你们俩谁是姐姐,谁是妹妹?

— b. 她是姐姐,我是妹妹。

(62) a. 你的生日是哪天?

— b. 我的生日是 6 月 7 号。

(60)(61)作为指别句,可以从结构上来判断,但(62)是否为指别句,要根据语境来判断。当(62b)针对某一特定时点表示选择时,也可以成为指别句,它与"今天 6 月 7 号"等句式在语义上有所不同。

3.2. 识别句

识别句的典型功能是由主语提示一个特定个体，由宾语来进行定位或识别说明。例如：

(63) a. 我来介绍一下，<u>这位是李老师</u>。
　　 — b. 李老师（／他）是教什么的?
　　 — c.（他）是教语文的。

(63a)划线部分是针对某一场景个体的识别说明，"李老师"表示其身份或姓氏（识别属性）。这类句中的主语指向特定个体，可以在后续句(63b)(63c)中得到回指。相反，(63b)(63c)是对"李老师"的属性说明，表示属性陈述。

识别句的宾语从广义上说，也相当于一种从属性角度来对个体进行说明的句式。因此，以往很多研究将这类句式归入属性陈述句。不过，识别句与属性陈述句的关键区别在于，识别句是针对某个身份不明的指称对象进行定位或识别，而属性陈述是针对某个已知的指称对象进行追加性、或补充性说明。同时，从宾语的功能看，属性陈述句的宾语属于陈述性 NP，而识别句的宾语属于指称性 NP。因此，这两个句式在语义和功能上都有很大的区别。

一般来说，属性陈述句的主语是获得谈话双方共识的特定对象（个体或类属），相当于角色和值的统一体[5]。宾语表示其类属或性状，在语义上相当于针对已知对象的一种追加性说明。相反，识别句是针对场景或语篇中出现的某一身份不明的个体，对其进行角色或识别属性上的定位说明。识别句的典型宾语是专有名词、或有定个指 NP，但有时也会使用"一个 NP"等不定形式。不论哪种，宾语 NP 在指称范围上一般要与主语 NP 形成一对一的、相当于〈A＝B〉这种对应关系。

熊本千明（1989）将识别句宾语 NP 分为两类，一类是利用百科知识来进行定位，另一类是利用谈话双方的共有体验来定位，这两类情况都

58

涉及谈话双方的共有知识。换句话说，识别句的功能是针对某一对象进行识别说明，使其能够在对方的知识域中建立一个个体坐标。例如：

(64) a. 台上讲话的（人）是谁？
　— b.（他）是老舍。
　— c.（他）是《骆驼祥子》的作者。

(64a)"台上讲话的（人）"提示一个场景个体，"谁"问"怎么个人"或"什么人"，而非"哪个人"。作为答句，(64b)有两种解读，如果说话人预设对方知道"老舍"（即在知识域有"老舍"的坐标）时，相当于说"他是（你知道的那个）老舍"。如果预设对方不认识"老舍"时，则利用百科知识来定位，相当于说"一个叫老舍的人"。同样，(64c)预设对方知道《骆驼祥子》这本书时，是以这本书为锚定物来进行定位。如果预设对方不知道《骆驼祥子》时，相当于说"《骆驼祥子》这一作品的作者"，同样也可以借助百科知识来建立一个坐标。

下述句子也属于识别句。

(65) a.（听到敲门声）（你是）谁？
　— b. 是我，李明。
　— c.（我是）送快递的。
(66) a.（指着实物）你手里拿的是什么？
　— b. 是苹果。
　— c. 是一个苹果。

(65a) 是针对场景个体的识别问句。作为答句，(65b)借助双方的共有体验知识，(65c)"送快递的"借助百科常识。(66a)也属于识别问句，作为答句，(66b)预设对方不认识"苹果"，因此从类属范畴进行说明。如果对方只是没看清是什么时，也可以使用这个句子，同时也可使用(66c)"一个苹果",后者相当于从个体角度进行说明。

前面提到,识别句宾语除了使用专有名词、有定 NP 或类属名词(说明类属时),也可以使用"一个 NP"形式。"(一)个 NP"相当于利用百科知识从属性范畴这一角度来进行定位,可以满足最低限度的识别要求,这类识别句,我们称为"识别性判断句"或"识别性说明句"。

下述句子也属于识别句。

(67) a. 这本书是谁写的? → *谁写的是这本书?
     b. 他是你的什么人? → *你的什么人是他?)
     c. 这个学生是哪个学校的? → *哪个学校的是这个学生?

(67a)"谁写的"是对"这本书"的识别,相当于问"这是谁写的书?"。(67b)"你的什么人"是对两人关系进行识别,相当于问"他跟你什么关系?"。(67c)是对"这个学生"的身份进行识别,相当于问"是哪个学校的学生?"。上述疑问词为指别疑问词,但整个句子是表示识别。

识别句的主宾语不能换位,只能使用宾语指称形式。宾语在语义上具有区别性和限定性,陈述的目的是为了与其他个体进行区分,因此不同于属性陈述句。不过,识别句的宾语也是从识别属性这一角度来进行说明的,一般会使用"分析形式"等。因此与属性陈述句在语义或功能上会出现交叉、或重合现象,有时需要依靠语境来判定。但从句式功能看属于两类不同的句式,各有其典型的句式功能。

3.3. 指别与识别的区别

首先,指别句的主语提示一个语篇域角色,而识别句的主语提示一个场景域、或语篇域中的特定个体。由于前者的主语不指向个体,因此在后续句中不能使用人称词或指示词来回指,而识别句的主语可以在后续句中回指。

其次,指别句的主语相当于一个角色函数,宾语从类属范畴或个体集合中选择某一个体来填入该函数，取得角色与值之间的一致性。这种选择相当于从一份清单里的 a、b、c、d、…… 等个体集合中进行选择，具有"是 A，而不是 B"这种排他性语气。在语用上，针对人主要说明是"哪个人"，针对物，主要说明是"哪个东西"或"哪类东西"。相反，识别句是针对场景或语篇中的某一个体，从身份、角色、或识别属性上进行定位或识别，针对人主要说明是"怎么个人"或"什么人"，针对物主要说明是"什么东西"。这种说明不属于清单式选择，而是针对性说明。

另外，从名词短语的功能看，指别句指向外延集合，主宾语可以换位。而识别句表示识别属性，只能使用宾语指称形式，主宾语不能换位。而且一般也不使用"就、才"等副词来进行限定。

指别句和识别句的区别也可以简单解释为：指别句是由主语提示一个语义角色，由宾语来指认与该角色对应的个体。而识别句是由主语提示一个特定个体，由宾语来对其进行角色上的定位或识别。

(68) a. 那是什么山？
　— b.（那）是富士山。

(69) a.（指着相片）这个人是谁？
　— b.（这个人／他）是我弟弟。

(70) a. 这是什么？ ／ What is this?
　— b. 这是铅笔。 ／ This is a pen.

(68a)主语为场景域个体，相当于直指，宾语"什么山"不是问类属或性状，而是问名称（属性）。同样，(69)"谁"问什么人，(69b)说明其身份。(70)是汉语或英语初级教科书上常见的例子，这里的"什么／what"也不是说明类属或性状，而是问汉语、或英语中的说法（名称属性）。上述句子都属于识别句。

有些识别句与指别句的结构相似，但语义关系不同，实际上属于不同句式。例如：

第 2 章 "是"字句的句式类型   61

(71) a. 哪儿是中国的首都？　→　中国的首都是哪儿？

— b. 北京是中国的首都。　→　中国的首都是北京。

(72) a. 北京是（个）什么地方？　→　*什么地方是北京？

— b. 北京是中国的首都。　→　*中国的首都是北京。

(71b)和(72b)同构，但语义关系不同，(71b)表示指别，(72b)表示识别，具有不同的语义功能。

在汉语里，"是"字句的主语一般提示话题，宾语表示说明。因此一般将已知成分置于主语，未知成分置于宾语。同时，在句式功能上，主语表示指称，宾语表示说明。另外，从词语角度看，指示词和人称词一般用于主语，而"分析形式"或摹状词（descriptions）等用于宾语。由于这种语义结构和功能上的制约，识别句一般只能使用宾语指称形式。

指别句和识别句都属于指称句，表示主宾语之间的对应性或一致性，因此，这两类句式在功能上也会出现交叉、或重叠的现象。

(73) a. 《骆驼祥子》的作者是谁？

— b. 《骆驼祥子》的作者是老舍。

— c. 老舍是谁？

— d. （他）是那个戴眼镜的人。

— e. （他）是一个著名的作家。

(73a)表示指别，"谁"问"哪个人"。(73b)使用专有名词"老舍"来回答。(73c)的问话人不认识"老舍"，因此问这个叫"老舍"的人是谁，这个"谁"可以有两种解读，预设"老舍"在现场时，问"哪个人"，表示指别。预设其不在现场时，则向知识域求解，这时即可以是问"哪个人"，也可以是问"怎么个人"。"哪个人"指向知识域中某一个体，"怎么个人"指向知识域中某一坐标。作为答句，(73d)指向现场个体，表示指别，(73e)指向百科知识域中某一坐标，表示识别。

有时，指别和识别之间也会出现混淆的情况。例如：

(74) a. 照片上的这个人是谁？
  —— b. 他是我叔叔，是个大学老师。
  —— c. 哪个大学的？
  —— d. 北大的。

(74a)"照片上的这个人"相当于场景域个体，"谁"问"什么人"。
(74b)表示识别。(74c)"哪个"表示指别，但整个短语"哪个大学的"
仍表示识别。因为问"哪个大学"的目的不是为了说明大学，而是为了
说明这个人的身份。相当于一种"局部指别"的识别句。

(75) a. 他是谁的弟弟？
  b. 她是哪个单位的？
  c. 你是干什么的？

上述划线部分"谁、哪个、什么"表示指别，但整个短语表示识别，
也属于"局部指别"的识别句。
同样，指别句中也会出现"局部识别"的句式。

(76) a. 谁是小李？
  —— b.（小李）是穿红衬衫的那个人。

(76a)"小李"相当于语篇角色，"谁"问"哪个人"。作为答句，(76b)
"那个人"表示指别，"穿红衬衫"相当于识别标记。这类句式相当于"局
部识别"的指别句。
指别与识别有时也需要依赖使用场景来判定，同一个句式在不同场
景下也会形成不同的功能。

(77) a. 送快递的是一个小伙子。

　　 b. 进来的是一个小姑娘。

(77a)有两种解读。"送快递的"解读为语篇角色时，"一个小伙子"
表示指别；解读为特定个体时，"一个小伙子"表示识别。同样，（77b）
"进来的"如果是实际看到的人时，"一个小姑娘"表示识别；如果是某
个语篇中出现的角色时，表示指别。

　　因此，即使同一个句子也会因为使用场景不同而分为指别或识别，
甚至会出现交叉、或重叠现象。但这反过来也证明，这两类句式在表示
个体之间的对应关系上具有共同之处，因此都应归入指称句，而不是分
别划入指称句或属性陈述句这两类功能完全不同的句式里。

3.4. 识别与属性陈述的区别

　　由于识别句是从识别属性上进行说明，且宾语使用摹状词，因此在
句式上与属性陈述句有些相似。这也是以往的研究将其归入属性陈述句
的原因之一。不过，识别句在语义和功能上与属性陈述句有明显不同。
属性陈述句主语提示某个已经取得谈话双方共识的指称对象，这个对象
相当于角色与值的统一体。而识别句一般提示某个场景域、或语篇中出
现的个体，其指称对象是确定的，但其身份和角色属性不明，因此需要
赋予其相应的定位或坐标。

　　東郷雄二（2005）认为，识别句的主宾语在谈话模式中分属不同的
域，主语一般指向语篇域、或场景域中的个体，而宾语指向知识域中的
坐标，主宾语之间属于不同场域之间的对应关系。相反，属性陈述句主
要表示知识（包括个人体验）域中的主语与知识域中的宾语之间的对应
关系，主宾语属于同一场域的成分。

　　我们基本同意这一看法，同时认为，属性陈述句是针对某个在谈话
双方知识域中已有坐标的指称对象，从其类属范畴、或性状特征角度来
进行追加性说明。而识别句是针对一个属性不明的个体，由宾语赋予其

相应的身份或识别属性。属性陈述句的说明可以表示〈A∈B〉或〈A＝B〉关系，而识别句只能表示〈A＝B〉关系。

(78) a. 那是什么山？
— b. ?那是日本最高的山。
(79) a. (指着相片)这个人是谁？
— b. ?是班里一个好学生。
(80) a. 你看的是什么书？
— b. ?是我最喜欢看的书。

上述宾语 NP 都表示属性说明，但不属于识别属性，所以答非所问。

(81) a. 老舍是谁？ → b. 谁是老舍？
(82) a. 他是谁？　 → b.*谁是他？

(81a)"老舍"是专有名词，除了指称个体外，也可以表示"叫老舍的人"，因此"谁"可以问"哪个人"（指别），也可以问"什么人"（识别）。表示指别时可以置换成(81b)"谁是老舍？"。相反，(82a)"他"是取得谈话双方共识的特定个体，相当于直指，"谁"只能问"什么人"，且在语序上也无法换成(81b)"谁（＝*什么人）是他 6)？"。同样，

(83) a. 昨晚，跟你一起吃饭的人是谁？
— b. 是一个亲戚。→ 是亲戚。
— c. 是一个学生。→ ?是学生。
— d. 是一个留学生。→ *是留学生。

(83a)"一起吃饭的人"是问话人实际看到的某个人，相当于"昨天"的场景个体，问话时成为取得谈话双方共识的特定个体，"谁"问"什么

人"。作为答句，(83b)"一个亲戚"表示"我的一个亲戚"。以"我"为
锚定物而获得相应的有定性，可以省去"一个"，相当于"我的亲戚"。
(83c)"一个学生"有两种解读。一种是"我的一个学生"，这时也可以
省去"一个"，说成"我的学生"。另一种是"一个身份为学生的人"，相
当于从识别属性角度进行定位说明。这时的"一个"为必要成分。(83d)
只能解读为身份（识别属性）为"留学生"的人，因此只能使用"一个
留学生"。

(83d)"一个留学生"等"（一）个 NP"不属于典型的识别句，但从功
能看，仍属于从识别属性角度来进行定位的识别性说明句，它利用百科
知识提供了一个个体坐标，可以满足最低限度的识别要求。

进行定位或识别说明时，需要精确到哪个程度属于语用问题，它与
谈话双方知识背景以及谈论的话题有关。在实际交际中，并非所有的识
别说明都需要十分精准，只要能够满足谈话双方的语用意图就可以成立。
因此，识别句和属性陈述句之间也属于一种模糊状态，最终要依靠实际
语境来判断。

3.5. 等同句

等同句求证两个指称对象之间的同一性，表示〈A＝B〉关系。等同
句的主宾语无论是角色还是个体，在语义上都属于谈话双方已知（在双
方知识域中已有坐标）的个体或类属。等同句的功能是表示两个不同个
体、角色或概念之间具有同一关系。

(84) a. 周树人就是鲁迅。

b. 马铃薯就是土豆。

c. 这就是我昨天丢的钱包。

d. 奶奶说蚂蚱就是皇虫，是玉皇大帝养的虫。造字的人在"皇"
字边上加了个"虫"字，就成了"蝗"虫。蝗虫就是皇虫，
皇虫就是蚂蚱，翻过来也一样。（莫言：蝗虫）

(84a)(84b)表示具有不同名称属性的个体之间的同一性,(84c)表示场景域个体与个人(体验)知识域个体之间的同一性。(84d)表示具有不同名称属性的概念之间的同一性。这类句子有时会使用"就、才"来表示限定。

等同句的主宾语对于谈话双方来说都属于在知识域中已知的、具有特定坐标的指称对象,这类句子的功能是将两个指称对象联系到一起,指出二者之间的同一关系。由于主宾语都是已知成分,因此主宾语可以换位而不改变语义关系。

(85) a.周树人就是鲁迅。 → 鲁迅就是周树人。
　　　b.马铃薯就是土豆。 → 土豆就是马铃薯。
　　　c.这就是我昨天丢的钱包。 → 我昨天丢的钱包就是这个。
　　　d.蚂蚱就是皇虫。 → 皇虫就是蝗虫。 → 蝗虫就是蚂蚱。

不过,由于已知与未知、预设与焦点等语用方面的制约,这种换位也不是任意的,但与其他句式相比自由度更高一些。

3.6. 三种句式的区别

上述三种句式都属于指称句,在语义功能上有共同之处。如主宾语表示角色、个体或个体概念等,都属于指称性成分,同时在语义上都表示〈A=B〉这种同一关系。

三种句式的主要区别在于,指别句的主语一般为语篇角色(角色函数),由宾语从某个类属或个体集合中选出某一个体(值)来进行说明,属于一种外延范畴上的清单式选择判断。

识别句的主语一般指向场景域、语篇域中的某一个体,由宾语赋予其识别属性,以便在知识域中建立一个坐标。

等同句是在不同个体、角色或概念之间建立同一关系,其主宾语一般为谈话双方已知的指称对象,但二者之间是否具有同一关系不明。

第 2 章 "是" 字句的句式类型　67

从句法结构看，这三种句式中的"是"都不能省略。同时，表示指别和等同时，可以根据语境插入"就、才"等来加强这种限定性。另外，在句法形态上，指别句和等同句的主宾语可以换位，而识别句的主宾语不能换位。不过，汉语的主语一般由话题成分、已知成分以及包含指示词的名词短语来充任，宾语由解说成分、未知成分以及表示属性特征的成分等来充任。因此，主宾语的换位会受到结构、语义以及语用方面的诸多制约，并非任意的。

4. 内容与容器

4.1. 内容与容器

下述句式在语义功能上也相当于指称句。

(86)　a. 医生的职责是救死扶伤。
　　　 b. 救死扶伤是医生的职责。

(86a) 宾语"救死扶伤"相当于"内容"，表示"医生职责"的内涵，(86b) 宾语"医生的职责"相当于"容器"表示"救死扶伤"的外延范畴。整个句子表示"容器"与"内容"之间的对应关系。这类句子的主宾语一般也可以换位。

(86a) 宾语"内容"可以解读为"容器"的内涵，也可以理解为内部成素，相当于对内部成员的指别。(86b) 宾语"容器"表示"内容"的定位，相当于对内容的识别。下述例句也如此。

(87)　主语相当于容器，宾语相当于内容
　　　 a. 我的工作是看大门。
　　　 b. 这次旅行的终点是香港。
　　　 c. 老张的意见是坐飞机去。

d. 最好的防御是进攻。

e. 当前最主要的任务是发展经济。

f. 他来日本的目的是旅游。

(88) 主语相当于内容，宾语相当于容器

a. 看大门是我的工作。

b. 香港是这次旅行的终点。

c. 坐飞机去是老张的意见。

d. 进攻是最好的防御。

e. 发展经济是当前最主要的任务。

f. 旅游是他来日本的目的。

(87)(88) 这两类句子在不同语境下也会形成不同解读。(87a)"我的工作"相当于容器，"看大门"是内容。当被问道"你的工作是什么?"时，"我的工作"相当于语篇角色，"看大门"表示指别。如果针对"(为什么)看大门"这一行为进行说明时，"我的工作"相当于对行为的定位或识别说明。同时，这类句子也会表示内容与容器之间的同一关系，在语用功能上成为等同句。

这类句式也可以插入"就、才"来表示限定。

(89) a. 我的工作（就）是看大门。

b. 救死扶伤（就）是医生的职责。

c. 进攻（才）是最好的防御。

d. 发展经济（才）是当前最主要的任务。

4.2. 原因与结果

"原因与结果"以及"行为与目的"等语义关系也可以构成类似容器与内容之间的对应关系，由于因果关系等属于知识性判断，因此主要反映说话人对两个事物之间的一种逻辑性说明。

第 2 章 "是"字句的句式类型 69

(90) a. 现在他能住上好房子，吃上好东西是因为有了钱。

b. 出现这种问题是由于忽视了思想教育。

c. 他们进山是为了寻找野人。

d. 母亲这次来主要是想想看她的孙子。

上述句式主要表示原因与结果、或行为与目的之间的对应关系。这类句子不仅使用名词性成分，也可以使用动词或形容词性成分。后者相当于"是"字句的扩展句式。这类扩展句式中的主宾语究竟属于名词性成分还是谓词性成分会有争议。不过，从后续句可以使用指示词、或名词短语来回指先行句内容这一点看，整个句式的功能相当于名词判断句。

(91) a. 她听了什么也没说，<u>这是因为她知道说了也没用</u>。

b. 有人还年轻就不求上进，<u>原因是丧失了人生目标</u>。

c. 我买了一本城市指南，<u>目的是想一个人转转这个城市</u>。

上述句子也表示主宾语之间的同一关系，在功能上相当于指称句，但根据语境也会形成不同解读，有时会解读为属性陈述句。

5. 分裂句

"分裂句"是将动词句的陈述内容放到"是"字句这一句式平台上进行句式重组来表示焦点指称，在功能上相当于指别句。

(92) a. 李老师教我们数学。

→ b. 教我们数学的是李老师。

(92a)是动词句，(92b)由动词句转为分裂句，主语"教我们数学的"相当于角色函数，"李老师"相当于个体值。

70

　　动词句的典型句式功能是表示动作或行为，当行为成为已知内容，陈述焦点转向与行为有关的施事、受事、与事，或时间、场所、工具等成分时一般会使用这种分裂句。

　　在汉语的分裂句里，指称施事、受事以及与事时，可以使用"VP 的"形式，工具等作为主格（相当于施事）或宾格（相当于受事）出现时也可以使用"VP 的"。但指代时间、场所时不能使用"VP 的"，说明汉语的"VP 的"一般用于指代动词的必要论元。

(93) a. 教数学的是李老师。　　　（主格）

　　　b. 李老师教的是数学。　　　（宾格）

　　　c. 李老师教的是我们。　　　（与格）

　　　d. 李老师上课用的是粉笔。　（工具 → 宾格）

　　　e. 李老师上课（*的）是用粉笔。　（工具格）

　　　f. 李老师上课（*的）是去年。　　（时间）

　　　g. 李老师上课（*的）是在二号楼。（场所）

　　从句式功能看，分裂句主要表示指别，但在某些语境下，也可以用于识别、或属性陈述。

(94) a. 跑得最快的是小张。

　　　b. 迎面而来的是一位多年不见的朋友。

　　　c. 给我留下深刻印象的是黄山迎客松。

　　　d. 我平常用的是这本词典。

　　　e. 听说发生了事故，我首先想到的是她的安全。

　　　f. 我最后一次见到他是去年春天。

　　　g. 每年夏天开会都是（在）北戴河。

　　　h. 我开始怀疑他是通过一件小事。

第 2 章 "是"字句的句式类型 71

上述句中，针对施事、受事等必要论元进行说明时，宾语具有很强的指别性，但针对时间、场所、原因、方式或工具进行说明时，会带有识别性说明、或属性陈述的语义特征。这或许是非必要论元不使用"VP的"的一个原因。

另外，还有些句式虽然在结构上相当于分裂句，但在功能上并不表示指别，而是表示识别或陈述。例如：

(95) a. 听说写这封信的是一个著名作家。
　　　b. 她穿的是那件红裙子。
　　　c. 这几年吃的一直是老家寄来的大米。
(96) a. 这里卖的都是外国产品。
　　　b. 这里住的都是留学生。
　　　c. 每天来找他的都是一些不三不四的人。
　　　d. 他这些年一直过的是花天酒地的生活。

(95)相当于识别说明。(96)相当于属性陈述。一般地说，分裂句的主要功能是将某个事件中的相关因素作为信息焦点提取出来后进行指别说明。如果不是从某个事件句中提取相关要素来进行说明的话，一般不属于分裂句，而是属于由"的"字短语作主语的识别句或属性陈述句。

除了分裂句以外，下述句式也能用于焦点提示。

(97) a. 看樱花是四月初最好。
　　　b. 这些点心是在稻香村买的。
　　　c. 我是不会干这种事的。
　　　d. 今天的会，主持人是老李。

上述句子是否属于"是"字句会有争议，有关这些句式，我们放在后面章节讨论。

6. 小结

在以往的研究中，对"是"字句已经做过很多分类。这次，我们参考英语和日语同类句式的分类，重新进行了整理。

(98) "是"字句句式分类

其中，属性陈述句分为"类属陈述"和"性状陈述"。其中的类属陈述可以表示〈A∈B〉或〈A＝B〉关系，而且在表示类别或归属等语义关系时，其功能有时接近于指称句，相当于针对类属的指称性说明，而性状陈述一般不表示这类语义关系。

同时，类属陈述主要表示非事件陈述，而性状陈述分为性质陈述和状态陈述，其中的性质陈述为非事件陈述，但状态陈述中，有些属于非事件陈述，也有些属于事件陈述。

在上述分类中，我们将指称句分为"指别句、识别句、等同句"这三种句式。其中的识别句，在以往的研究中分别归入了等同句或属性陈述句。但我们认为，识别句有其独立的句式功能，且具有相应的句式语义结构，有必要单独列出。

上述分类属于一个基本分类，各句式之间在结构和功能上并非泾渭分明，实际处于一种相互对立、又相互交叉的关系。某个句子究竟属于哪种句式类型，最终要根据场景或功能来判断。从这个意义说，使用场景和语用功能也是"是"字句分类上需要考虑的一个重要因素。

注释

1) 这类句式可以使用"S 是 NP"和"S 是(一)个 NP"两种形式。有关这两种句式的区别，放在第 6 章讨论。

2) 由形容词或动词作定语的结构以下视为"谓词＋的"结构，以下一律记作"VP 的"。

3) 这个句子有歧义，某些语境下会解读为"是……的"句。有关分析参见第 8 章。

4) 这些句式不属于"是"字句的典型句式，同时"是"是否为动词也会有争议，但在表示指别这一点上是确定的。

5) "角色与值的统一体"主要指含有特定值的角色。角色与值是否统一会根据使用场景而有不同解读，但作为属性陈述句的主语出现时，通常视为角色与值的统一体。

6) 如果将"谁"换成"哪个人"时，也可以用于指别。如指着照片上的人问是"谁"时，可以问"这个人（／他）是哪个人？→ 哪个人是这个人（／他）？"，这时相当于表示照片场景域与说话人所处现场域、或知识域个体之间的同一关系，相当于指别句。主宾语可以换位。

第3章

表示存在的"是"字句

1. "是"字句与"有"字句

"是"字句的功能之一是表示"存在"。吕叔湘主编（1980）《现代汉语八百词》将"是"字句表示存在的用法分为以下两类。

(1) 表示存在。主语一般为处所词，"是"类似"有"。
　　a. 山坡上全是栗子树。
　　b. 遍地是鲜花。
　　c. 屋里屋外全是人。

(2) 表示领有。主语限于名词，"是"类似"有"，可以省略。
　　a. 这张桌子（是）三条腿。
　　b. 我们（是）一个儿子，一个女儿。
　　c. 老王（是）一只胳膊。

表示"存在"的语义关系一般解释为"场所＋是＋存在物"。关于这类句式已有不少讨论，例如，金立鑫（1995）认为"桌子上有书"表示桌子上可能有几样东西，其中一样是"书"。而"桌子上是书"表示两种语义：一种是表示唯一的存在，即桌子上只有书，没有其他东西。另

第 3 章 表示存在的"是"字句　75

一种是表示位置关系，指出紧靠某一参照物的是什么。例如（例句引自金立鑫 1995）：

(3) a. 桌子上是书。　　　　（书是桌子上唯一的东西）
　　 b. 他的前面是张先生。（紧靠着他前面的是张先生）

张济卿（1996）认为，"桌子上有书"和"桌子上是书"属于不同语义关系，后者的"是"并不表示存在，而是以事物的存在为前提，对该事物进行说明。我们基本同意张济卿的观点，认为"桌子上是书"不表示存在，而是表示一种识别说明。

吕叔湘（1980）将"有"字句中表示存在和领有的用法分为以下几类（例句引自吕叔湘《现代汉语八百词》，例句有删节）：

(4) 表示存在。句首限于时间词语或处所词语。
　　 a. 树上有两只小鸟。
　　 b. 屋子里桌子也有，椅子也有，就差个书架。
　　 c. 有人吗？
　　 d. 屋里有人说话。（用于兼语句的前一部分）
(5) 表示领有、具有。
　　 a. 我有一部现代汉语词典。
　　 b. 他有两个孩子。
　　 c. 他母亲有病。
　　 d. 情况有了变化。（可以带"了、过"）
　　 e. 他有着艺术家的气质（可以带"着"）
　　 f. 这孩子很有音乐天才。（可以接受"很"等程度副词修饰）

上述句中的"有"基本不能换成"是"，说明"有"字句和"是"字句具有不同的语义功能，二者之间本质上不存在变换关系。

首先，"有"字句的动词"有"可以采用连谓结构重复出现，但"是"很少重复出现。如果表示复数个体时，宾语一般使用"A 和 B"形式，需要在语义上构成一个整体。

(6) a. 教室里有（/*是）老师，也有（/*是）学生。
　　b. 教室里有（/是）老师和学生。

其次，"有"字句使用数量词相对自由，而"是"字句使用数量词时会受到语义上的限制。另外，"有"前面可以使用"还"等副词，而"是"没有这种用法。

(7) a. 桌子上有（/是）一本书。
　　b. 广场上有（/?是）几十只鸽子。
　　c. 图书馆有（/*是）很多书。
　　d. 中国还有（/*是）四亿农民。

上述"有"字句中的数量词相对自由，但"是"字句中的数量词相对不自由，当数量造成宾语成为一个模糊的集合概念时，一般不能使用"是"。(7d)"还"意味着有其他事物存在，表示这种语义关系时也很少使用"是"。

再有，"有"字句可以质疑、或否定存在物的存在，但"是"字句没有这种用法。

(8) a. 你家里有（/*是）人吗？
　　b. 这附近有（/?是）公园吗？
　　c. 附近没有（/*不是）银行。
　　d. 山上没有（/不是）栗子树。

第 3 章 表示存在的 "是" 字句　77

(8a)(8b)问是否有 "人、公园"，前提是不知道这类事物是否存在。这类疑问句一般不使用 "是" 字句。(8c)(8d)否定 "银行、栗子树" 的存在，而 "是" 字句不否定存在，只是说明它们不是 "银行、栗子树"，而是别的什么东西。

此外，"有" 可以添加 "了" 来表示变化，"是" 没有这种用法。

(9)　a. 附近有（/*是）了一家超市，买东西方便多了。

　　b. 家里没有（/*不是）了电视，清净了很多。

　　c. 他母亲有（/*是）病 1)。

上述 "有" 字句表示出现或消失等变化，"是" 不能用于这种语义。(9c)没有使用 "了"，但 "有病" 本身意味着变化，也不能换成 "是"。

还有，有些 "有" 字句可以不使用场所词、或在场所词前添加 "在"，而 "是" 字句的场所词除非省略，一般不能缺失，且不能添加 "在"。

(10)　a. 有（/*是）人吗？

　　b. 有（/*是）很多人知道这件事。

　　c. 在半山腰有（/*是）一片松树林。

(10a)(10b)缺少场所词。(10c)"半山腰" 前面可以加 "在"，"在" 有时为语义上的冗余，但句法上可以接受。而 "是" 字句的场所词不能缺失，且场所词前不能添加 "在"。

另外，"是" 字句的场所词一般要与存在物形成位置上的对应关系，而 "有" 字句没有这种限制。

(11)　a. 村头有（/是）一口水井。

　　b. 村里有（/*是）一口水井。

　　c. 沙漠里有（/*是）一处水源。

（11a）"村头"对应"水井"的位置，"有"可以换成"是"，但（11b）"村里"与"水井"、（11c）"沙漠里"与"水源"无法形成位置上的对应关系，一般不能用"是"。

从以上列举的"有"字句与"是"字句之间的区别看，例（6）（7）反映出"是"字句中的存在物一般是单一的，如为复数，要作为一个整体出现。例（8）反映出"是"字句要以事物的存在为前提，不能质疑、或否定事物的存在。同时，"是"字句不能表示例（9）这类出现或消失等变化，也没有例（10）这种场所词缺失、或场所词前添加"在"的用法。

从上述例子看，"是"字句显然不表示"有什么"，而是表示某个场所上的存在物"是什么"。这意味着"是"字句的场所不再表示一般意义上的场所，而是转喻、或转指该场所上的存在物。实际上，有些场所词后面可以加"的"，如（3a）可以说成"桌子上的是书"，（3b）说成"他前面的是张先生"。虽然这并不意味着"是"字句的场所词后面都可以加"的"，但可以构成这种结构本身就意味着，这类场所词在语义上可以实现从场所到存在物的转喻或转指。

根据认知语法的观点，转喻是语言表述中的常见手段。可以利用部分来指代整体、或利用整体来指代部分，也可以利用容器来指代内容、或利用场所来指代存在物。我们认为"是"字句的场所词在判断句的句式语义制约下，其指称义也发生了转变，从指代场所而转喻、或转指场所上的存在物。

转喻是语言使用中随处可见的现象，常见的是以作者来指代作品。如"读点儿鲁迅"中的"鲁迅"转喻"鲁迅的作品"。实现转喻后，作者（姓名）作为识别标记，用于转指该作者的作品。根据王占华（2000）的分析，"吃食堂"也属于一种转喻用法，以场所"食堂"来指代"在食堂吃饭"行为。同样，使用"华盛顿"或"北京"来指代"美国政府"或"中国政府"也属于一种转喻用法。转喻、或转指与认知模式有关，属于语言心理上的一种默契。

我们认为，表示存在的"是"字句，如"山上是栗子树"的"山上"

也从场所转指"山上的存在物",相当于"山上的（树）"。不过，转喻或转指形成的指称义会因使用场景的不同而有所不同，同时，也不完全排除场所词所具有的场所指称义，而是表示其判断对象不再是场所，而是该场所上的存在物。它是在谓语部分（是＋NP）的语义功能、使用场景、以及百科常识等几个因素的共同作用下形成的。以往的研究中提到的、"山上有栗子树"不排斥山上还有其他事物，而"山上是栗子树"排除其他事物等语义特征，也与这种句式语义有关。

"是"字句表示判断时，一般以判断对象的存在为前提。如"鲸鱼是哺乳动物"这一判断以"鲸鱼"的存在为前提。同样，"山上是栗子树"也以"山上的（树）"等存在物为前提。因此质疑存在物是否存在时，不能使用"是"字句。而场所的缺失对于"是"字句来说，意味着失去了判断对象，也无法成立。同时，由于"是"字句的场所词不再单纯地表示场所，所以前面也不能添加"在"。

综上所述，我们认为，表示存在的"是"字句是针对某个场所上的存在物来表示识别或判断，仍然是一个判断句。例如：

(12) a. 日本周围是（/?有）海。
　　　b. 他身上全是（/*有）汗。
　　　c. 他上身是（/*有）白衬衣，下面是（/*有）蓝裤子。
　　　d. 外边穿着皮夹克，里面是（/?有）黑毛衣。

(12a)表示日本周围的地理特征，并不表示有什么。(12b)表示"他身上"的状态。(12c)表示"上身、下面"、(12d)表示"里面"穿的衣服是什么。上述"是"换成"有"以后，语义会发生变化、甚至不成立。上述句子在语义上基本属于性状陈述，主语相当于属性主体，不再是单纯的场所。

以下为行文方便，我们仍然使用"存在"来进行说明，但这里的"存在"有别于一般意义上的存在。

2. 表示存在的"是"字句

2.1. 使用场景

转喻或转指是基于认知模式的一种表述方式，使用场所来转喻存在物，与认知方式和百科常识有关，也与使用场景有关。金立鑫（1995）认为"是"字句表示存在时，场所与存在物之间应当形成对应性。

> (13) a.?图书馆对面有我们学院。
>
> b.图书馆对面是我们学院。

金立鑫认为(13a)不自然，因为"图书馆"比"学院"小，如果学院在图书馆对面，那么对图书馆来说，学院是唯一的可比较建筑，所以只能表示位置，说成（13b）。

我们部分赞同这种观点。一般地说，场所与存在物之间应当形成对应性，场所要反映存在物的位置。如(1b)的"山坡上"与"栗子树"之间具有对应性，(3a)"桌上"与"书"之间也具有对应性。这种对应性基于物理位置等百科常识，也与我们的日常体验有关。

除了上述因素以外，语言的使用场景也会给场所指称义带来影响。

> (14) a.村里有一口水井。 → b.*村里是一口水井。
>
> c.这个村有两口井，<u>村里是一口甜水井</u>，村外是苦水井。
>
> (15) a.寺院里有松树。 → b.?寺院里是松树。
>
> c.这座寺院有很多树，寺院外是柏树，<u>寺院里是松树</u>。

从物理位置看，(14a)"村里"与"水井"不对应，不能使用"是"。但在使用场景的作用下，(14c)可以转指"村里的（井）"。同样，(15)提供了"这座寺院有很多树"这一场景后，(15c)也能成立。

下属例句也如此。

第 3 章 表示存在的"是"字句　81

(16) a. <u>从窗外望去</u>，远处是绵延的燕山山脉。

　　 b. <u>一进门</u>，左边是一张书桌，右边是一张床。

　　 c. <u>听到鸟叫声抬头一看</u>，树上是一只黄鹂。

　　 d. <u>星期天去南京路</u>，步行街上全是人。

　　上述划线部分提示场景，在这一场景下，场所词可以实现对存在物的转指。这些句子大多属于感知性陈述，相当于实际看到的景象。从语义上看，特定的使用场景使语义关系发生了变化，不再表示场所上"有什么"，而是表示"该场所上看到的（存在物）是什么"，同时也改变了场所词的指称义。

　　(14c)"村里、村外"和(15c)"寺院里、寺院外"、以及(16b)"左边、右边"也可以解释为对比范围。但这些词语大多可以加"的"，构成"场所词＋的"形式[2]，说明在语义上存在着转指存在物的可能。

　　另外，从下述例子也能看出，与"有"字句相比，"是"字句的场所词具有特定的语义指向性。例如：

(17) a. 桌上没有书，有一杯茶（/?不是书，是一杯茶）。

　　 b. 桌上没有英文书，有一杯茶（/*不是英文书，是一杯茶）。

　　 c. 桌上没有英文书，有一本词典（/不是英文书，是一本词典）。

　　(17a)勉强可以使用"是"字句，在对存在物的识别上，"书"和"茶"似乎能形成对应性。但(17b)很难使用"是"字句，因为"英文书"与"茶"之间无法形成对应性。它也意味着"桌上"不表示场所，而是说话人看到的某个物体，对它进行识别时不会出现"英文书"与"茶"之间的误差。相反，(17c)可以使用"是"字句，它暗示"桌上"是一个书籍类物体，可能是"英文书"或是"词典"。这也说明"桌上"并不单纯表示场所，而是转指某个书籍类物体，带有特定的语义指向性。这类句式与表示识别的"是"字句在功能上基本一致。

因此，我们认为表示"存在"的"是"字句，实际是针对某一场所上（看到）的存在物进行识别，其场所词受句式语义以及使用场景的约束，转指场所上的某个存在物，宾语对其表示识别说明。

由于"是"字句具有这种语义特征，表示存在时会受到某些制约。

(18) a. 我家有（/*是）一个客人。

　　 b. 她脸上有（/*是）了笑容。

　　 c. 夜空中有(/?是)几颗星星。

(19) a. 山坡上全是栗子树。

　　 b. 靠墙是一排书架。

　　 c. 他满身是泥。

(18)是所谓的"存现句"，一般用于表示初始场景。这类句子由于缺少前提场景，也不用于识别说明，一般不能换成"是"字句。相反，(19)表示某个前提场景下的局部景观，说话人对实际看到的物体进行识别，可以使用"是"字句。下述例句也如此。

(20) a. <u>她……顺手拉开柜门看看</u>，里面是救生衣。　（王安忆:海上繁华梦）

　　 b. <u>他看她的手</u>，仔细地看。她的手不白皙，手背上是冻疮留下的疤，一片连一片，深褐色的。　（王安忆:海上繁华梦）

　　 c. <u>林珠取下了眼镜,看见</u>他们桌子上是一支不太新鲜的红玫瑰。（池莉:来来往往）

　　 d. <u>往北望去</u>，不远处就是长江。

上述划线部分提示场景，在这种场景下，场所词可以实现对存在物的转指。这类句中的"是"主要表示识别，换成"有"以后，语义会发生变化。

2.2. 聚焦作用

"是"字句可以用于感知性陈述，也可以用于知识性陈述。

(21) a. 桌子上都是书。

b. 沙发上是她的衣服和化妆品。

c. 信封里是二十块钱，还夹着一张纸条。

(22) a. 日本周围是海。

b. 中国的东边是日本。

c. 长江以北是北方，以南是南方。

(21)表示实际说话人看到了什么，(22)是根据百科知识来说明"日本（周围）、中国（的东边）、长江以北／以南"的性状特征。

由于"是"字句表示"A 是 B"这种逻辑判断，从语义关系看，可以形成"A 是 B，而不是 C"这种排他性，但不会形成"A 只有 B，而没有 C"这种排他性。因此，"是"字句所体现的排他性，源于"是"字句表示"桌子上（的东西）是书，而不是其他东西"这种判断语义。换句话说，"桌子上（的东西）"受到谓语部分"是书"的语义制约，排除了"书"以外的其他事物。这种语义功能相当于对判断对象的一种"聚焦"作用。因此表示存在的"是"字句所体现的唯一性、或排他性，实际上是说话人从主观视角对识别对象进行了选择，形成某种"聚焦"作用而带来的语义效应。例如：

(23) a. 桌子上是一本英文书，旁边放了一本英文词典。

b. 墙上是一幅年画，两边是一副对联。

c. 打开箱子，里面是几件换洗的衣服，还有一些化妆品。

d. 打开信封，里面是二百块钱，还有一封信。

→ e. 打开信封，里面是一封信，还有二百块钱。

(23a)的"英文书"是关注（聚焦）的对象，但不妨碍旁边有"英文词典"。"英文书"作为显赫物体引起说话人关注，成为说明对象。(23b)"年画"是关注对象，旁边的"对联"是附属物。(23c)打开箱子看到的主要是"几件衣服"，而"化妆品"是附属物。(23d)和(23e)都可以成立，"二百块钱"和"一封信"中的哪个成为关注对象取决于说话人主观视角的选择。

因此，我们认为，"是"字句表示"A 是 B"这一判断关系，A 作为说话人关注（聚焦）的物体而成为唯一的说明对象。但在客观上，A 可能是唯一物体，也可能是诸多物体中的某一显赫物体。由于说话人将视角聚焦在该物体上，使其成为说明对象，从而无视、或排除了其他物体。这种选择与取舍取决于说话人的主观认知，而非客观现实。

例如，前面例(16)的"远处、树上"等场所，从逻辑上看应当还有其他物体存在，但当说话人聚焦于"远处、树上"的某个显赫物体时，便会形成这种主观性选择，并带来排他性。

(24) a.听到鸟叫声抬头一看，树上是一只黄鹂。

　　 b.她听见哭声，隔着窗户看到屋里是一个小女孩。

　　 c.推门一看，（门外）是多年不见的老朋友。

(24a)听到"鸟叫声"会关注声音源头，从而聚焦于"鸟"而排除其他物体。这个句子也可以省去"树上"，直接说成"抬头一看，是一只黄鹂"。这时因为缺少场所词会成为识别说明，但即使有场所词，也同样表示识别说明。(24b)"听见哭声"也会关注声音源头，"屋里"转指"屋里哭的人"。(24c)"推门"看到的不会只有人，但显赫物体只能是人。

因此，"是"字句表示存在时，其指称对象会根据句式语义、百科常识以及使用场景等来调整观察视角，使其聚焦于某一特定物体。"是"字句所反映的唯一性，并非客观现实中的唯一性，而是主观认知上的特定性，属于主观认知上的选择结果。

如(23)所示，"是"字句并不绝对排斥其他事物，下述句子也如此。

(25) a. 来到地震现场，脚下到处是砖头和瓦砾。
    b. 心里又是爱又是恨。
    c. 骑车不小心摔到沟里，头上又是血又是泥。

上述句子表示"脚下、心里、头上"的状态，造成该状态的物体成为聚焦对象，与是否有其他物体无关。

前面提到，"是"字句的场所是否转指存在物，与百科常识或使用场景有关，有时也与谈论的话题（命题框架）有关。

(26) a. 广场对面有一个电话亭。→ b. *广场对面是一个电话亭。
    c. 广场对面是电话亭，不是售货亭。
(27) a. 头上是火辣的太阳，脚下是滚烫的砂石。
    b. 每到过节，各大景区都是人山人海。

(26a)从位置关系看，"广场对面"和"电话亭"不对应，一般不能转指"电话亭"，但(26c)可以实现转指。这个句子的命题是"广场对面的建筑物是否为电话亭"，在预设中已将"广场对面"转为"广场对面的建筑物"，因此可以成立。同样，(27)这类约定俗成的说法，也与场所和存在物的位置对应性无关，而与我们日常体验中的某些场景有关。

"是"字句表示存在时，其场所词如何实现转指，涉及多方面因素，除了位置对应关系以外，还涉及场景、话题以及某些约定俗成的语言习惯等，但主要取决于说话人对事物的把握方式，它对场所词的指称义以及整个句式的语义走向起到决定性作用。

另外，金立鑫（1995）还提到，"是"字句的另一个功能是表示紧靠参照物的是什么这一问题。我们认为，这类句中的场所词在谈话双方共识中也实现了转指，整个句子同样表示识别说明。

（28）a. 他前面是张先生。

　　　　b. 第一页是作者的照片。

　　　　c. 这幢大楼后面是我们的公司。

（28a）"他前面"转指"他前面的人"，相当于语篇角色，整个句子表示指别。如果场所词指向特定个体时，也可以表示识别。(28b)和(28c)在一般语境下表示识别。下述句子也如此。

（29）a. 马路这边是（/*有）我家，马路对面是（/*有）她家。

　　　　b. 电话这头儿是（/?有）老李，那头儿是（/?有）老张。

　　　　c. 他坐在靠窗一侧，对面是（/*有）一个年轻女子。

上述句中场所在谈话双方的共识中、或使用场景下也实现了转指，句中的"是"一般不能换成"有"。

我们注意到，表示存在的"是"字句不论用于对存在物的识别、还是针对位置关系进行的说明，都是针对某一场景的局部性说明。例如，前面提到的几个例子：

（30）a. 这座寺院有很多树，寺院外是柏树，寺院里是松树。

　　　　b. 听到鸟叫声抬头一看，树上是一只黄鹂。

　　　　c. 她……顺手拉开柜门看看，里面是救生衣。

　　　　d. 他坐在靠窗一侧，对面是一个年轻女子。

（31）a. 桌子上是一本书。

　　　　b. 外边穿着皮夹克，里面是白毛衣。

　　　　c. 沙发上是她的衣服和化妆品。

　　　　d. 信封里是二十块钱，还夹着一张纸条。

（30)的划线部分不是一个整句，而是一个分句。同样，(31)各句也

第 3 章 表示存在的"是"字句 **87**

相当于整个叙事中的一个片段，在语义上也不是整句。这意味着，表示存在的"是"字句在叙事上，通常用于某个局部的说明、或在事件陈述中，针对某个片段进行的说明。这一特征与"是"字句表示存在时，依赖使用场景或命题框架等语用条件有关，同时，也可以解释表示存在的"是"字句为什么不能用于初始场景。

3. 领有与所在

"是"字句也用于表示"领有"和"所在"等语义关系。

(32) a. 这个房间是（/有）两个窗户。

　　 b. 这张桌子是（/有）三条腿。

　　 c. 我是（/有）一个儿子，一个女儿。

(33) a. 我老家是（/在）河北。

　　 b. 他家是（/在）北京。

(32)表示领有，"是"可以换成"有"，(33)表示所在，"是"可以换成"在"，但语义上会出现变化。

"有"字句表示的"领有"包含多种语义，有些不能换成"是"。

(34) a. 我有（/?是）一身白西服。

　　 b. 老张有（/?是）两套房。

　　 c. 老李有（/?是）胃病。

(35) a. <u>晚宴上</u>，我是一身白西服。她是一身黑连衣裙。

　　 b. <u>说到房产</u>，老张是两套房。

　　 c. <u>老张是肠炎</u>，老李是胃病。

(34)的"有"一般不能换成"是"，但在(35)这种场景下可以换成

"是"。换成"是"后语义会有变化，不再表示领有，而是识别。

除了领有以外，"是"字句也表示"所在"。

(36) a. <u>（家庭住址）</u>他家是（/在）北京，我家是上海。

　　 b.<u>我们是小学同学</u>，我是（/在）三班，他是四班。

　　 c.<u>我们都住在黄河边上</u>，他是（/在）上游，我是下游。

(37) a.你现在在（/*是）哪儿呢？

　　　— b.我在（/*是）北京西站。

(36)划线部分提示使用场景，"是"表示识别。这类句中的"是"也属于局部说明。由于表示所在时也需要特定的场景，因此，(37)这类典型的"在"字句，在缺少前提场景时很难换成"是"。

"有"字句和"是"字句虽然属于不同句式，但由于"有"和"是"都属于功能高度泛化的动词，在实际使用中，会经常出现"有"和"是"可以互换的现象。

(38) a.马路对面有（/是）一家商场。

　　 b.这本书有（/是）四百页。

　　 c.我们吃的菜有（/是）自己种的。

上述句式相当于不同句式在语境作用下出现的功能重合现象，而且使用"有"或"是"仍会反映出原型句式的语义特征，并不完全相同。

4. 小结

我们认为，"是"字句并不表示存在，而是针对某个场所上的存在物表示识别说明，在句式语义上与"有"字句有着明显区别。

首先，"是"字句并不表示"有什么"，而是表示"是什么"，一般以存在物的存在为前提。存在物可以是实际看到的、已知的，也可以是根据场景、百科常识以及句式语义推导出来的。由于"是"字句表示"是什么"，因此其否定式不能否定存在，只能否定所指。这种语义关系与"是"字句表示"A 是 B，而不是 C"这种句式语义具有一致性。同时，"是"字句表示存在时所体现的唯一性、或排他性等，也与这种判断语义有关。相当于说话人将观察视角聚焦于某个说明对象进行识别时所带来的语义效应。

其次，"是"字句的场所词转喻、或转指场所上的存在物，不再是纯粹的场所词。如何实现这种转喻或转指，涉及多方面因素，除了位置对应关系以外，也涉及句式语义、谈话双方的知识背景以及某些约定俗成的语言习惯等。

上述转喻、转指或聚焦作用等都是在特定的使用场景下实现的，因此，表示存在的"是"字句很少用于初始场景的说明。这也意味着表示存在的"是"字句主要用于某个叙事中的局部、或片段说明，而不是叙事上的一个独立整句。

注释

1) 如果换成"他母亲有高血压"后，可以说"他母亲是高血压"。后者失去了变化义，表示对病的识别判断。

2) 在汉语里，"的"的省略是常见现象，例如说"他的个子比我（的）高"时，一般会省略"的"。这里的"我"转指"我的个子"。

第 4 章

"是"字句与名词谓语句

1. 名词谓语句

汉语的判断句，除了"是"字句以外，还有一类由名词性成分作谓语的"名词谓语句"。有些研究认为名词谓语句是省略了"是"的"是"字句，但更多的研究认为，名词谓语句不是"是"的省略句，也不是所有名词谓语句加上"是"后都能成为"是"字句的。

我们认为，名词谓语句与"是"字句尽管在语义功能上有交叉、甚至重叠的地方，但本质上仍属于两类不同的句式，各有其典型的句式语义功能。

刘月华等(1983)《实用现代汉语语法》将名词谓语句分为以下五个类型。

（一）说明时间、天气、籍贯等。这类句子的谓语大多数为名词、名词短语以及部分代词。谓语和主语有同一性。

    a. 现在十二点。

    b. 今天什么日子？

    c. 刚才还晴天呢，现在又阴天了。

    d. 他英国人。

（二）说明与主语有关的数量方面的特性，一般指年龄、长度、重量、价格、度量关系或存在（领有）的事物。谓语多数为数词、数量短语、或是带数量词的名词短语。

 a. 龙梅十一岁，玉荣九岁。

 b. 身高一米七五，体重八十多公斤。

 c. 我两个男孩，我妹妹一儿一女。

 d. 前边一块稻田，后边一片森林。

（三）说明等价关系。这类句子的主语谓语都包含数量词短语，二者可以互换。

 a. 一套明信片四毛五。 → 四毛五一套明信片。

 b. 一天二十四小时。

 c. 现在一斤十两了，不是十六两了。

（四）描写主语的状况、特征或属性。谓语多是带有形容词或数量词的名词短语。

 a. 这个十九岁的姑娘，高高的个子，一双大眼睛，显得很机灵。

 b. 我们这个检查站就我自己一个人。

 c. 这种飞机两个发动机。

（五）说明主语的类属。通常用"的"字短语。

 a. 您哪个单位的?

 b. 他文化部的，搞创作的。

 c. 我们的电视十九寸的。

  刘月华认为，名词谓语句主要是从正面对主语进行描写、说明，所以一般没有否定形式。如果需要的话，一般使用"是"字句的否定式。另外，名词谓语句的谓语简短，一般没有补语或状语。如果带状语，也多为时间、范围、语气等词语。

  刘月华列举的上述例子基本可以添加"是"，且加上"是"以后，语义没有重大变化。不过，除了上述句式以外，也有些名词谓语句不能加

92

"是"。如齐沪杨（2005）的《对外汉语教学语法》，将下述句子列入了名词谓语句，这类句子一般不能加"是"。

(1) a. 一星期上课 16 节。

b. 校长出差才一天。

c. 重庆离西安七百多公里。

上述句子与典型的名词谓语句有所不同，不过，关于哪些句式属于名词谓语句这一判断本身就存在分歧。名词谓语句不仅在句式范围上模糊，而且划分标准也因人而异。因此，本章仅就一些典型的名词谓语句进行讨论，尽量回避分类上模糊的句式。

在第 2 章里，我们将"是"字句的句式功能分为"属性陈述"和"对象指称"。从句式功能看，名词谓语句的主要功能是表示属性陈述，很少用于对象指称，而且表示属性陈述时，也主要用于性状陈述，很少用于类属、类别陈述。例如：

(2) a. 人类的祖先是猴子。 → *人类的祖先猴子。

b. 那个穿红衣服的是我妹妹。 → *那个穿红衣服的我妹妹。

c. 周树人就是鲁迅。 → *周树人（*就）鲁迅。

d. 鲸鱼是哺乳动物。 → *鲸鱼哺乳动物。

(2a)表示指别，(2b)表示识别，(2c)表示等同，都属于指称判断，一般不用于名词谓语句。(2d)虽然表示属性陈述，但表示类属或类别陈述，这类语义也很少用于名词谓语句。

"是"字句中的"是"具有什么功能，已经有过很多讨论。吕叔湘（1980）认为"是"主要起肯定和联系的作用，并可以表示多种关系，如等同、归类、特征、质料、存在、领有等。还有一些研究认为"是"表示断定或判断语气，不是一个纯粹的动词，等等。

第 4 章 "是"字句与名词谓语句 93

我们认为，表示断定或判断是"是"字句的句式功能，而不是"是"字的功能。同样，表示"肯定"也不是"是"的专有功能，而是其他谓词上也能看到的。因此，"是"的功能不能脱离句式来讨论。不过，由于"是"源于古汉语的指示词，其指称功能在现代汉语中仍得到保留，因此在表示归属、类别或指称时，一般要使用"是"字句。这类句式通常含有指称性、限定性、排他性等语义特征，表示这类语义关系时很少使用名词谓语句。

在这一章里，我们不对名词谓语句做系统性分析，仅就名词谓语句与"是"字句之间的主要差异做一些探讨。

2. 你的生日是几月几号？

名词谓语句的句式特征之一，是由数量词或数量短语做谓语。年月日、年龄、长度、重量、价格、度量等名词性成分做谓语时，一般会构成典型的名词谓语句。

(3) a. 你多大了？ — 我今年二十岁。

　　b. 你身高多少？ — 我一米七。

　　c. 今天几月几号？ — 今天 5 月 10 号，星期五。

上述数量词（包括疑问词）主要表示事物在数量范畴上的属性。这类句子除了否定式以外，基本不用"是"。但下述句子使用数量词时一般要加"是"。

(4) a. 你的生日是几月几号？ → b. ?你的生日几月几号？

(5) a. 你的生日是哪天？ → b. ?你的生日哪天？

　　— c. 我的生日是 6 月 7 号。 → d. ?我的生日 6 月 7 号。

前面提到，"今天5月10号，星期五"可以不加"是"，但(4a)问对方的生日时，往往会加"是"。这是因为"今天5月10号"这类句子表示时间序列上的某个任意时点，没有特定性、或指别性。但生日对于每个人来说不是时间序列上的任意时点，而是特定时点。因此问生日是哪天相当于一种指别性问句。同样，(5a)"哪天"属于指别疑问词，也要加"是"，问"你的生日是哪天?"。

(6) a.今天几号? → b.*几号（是）今天?
　　c.?今天星期几? → d.*星期几（是）今天?
(7) a.你的生日是几号? → b.几号是你的生日?
　　c.你的生日是哪天? → d.哪天是你的生日?[1]

上述句中，(6)的主谓语不能换位，但(7)可以。后者相当于指别句，而指别句的主宾语是可以换位的。

(8) a.你的电话号码(是)多少?
　　b.你电话号码的最后1位数是多少?
　　　→ c.?你电话号码的最后1位数多少?
(9) a.你家(是)几单元几号?
　　b.你看这上面的号码是多少?
　　　→ c.*你看这上面的号码多少?

(8a)"电话号码"相当于一串数字序列，可以理解为任意序列，也可以理解为特定序列，所以"是"可有可无。但(8b)向对方确认电话号码最后1位数时，这个数字不是任意数字，而是对方告诉过自己的一串数字中的某个特定数字。由于忘记了、或没听清而向对方进行确认时，一般要加"是"。

同样，(9a)的"几单元几号"对于问话人来说，可以是任意序列，也可以是特定序列，"是"可有可无。但(9b)针对眼前门牌上某个数字看不清时，这个数字属于特定数字，一般也要加"是"，问："这个号码（/数字）是多少?"。

(10) a. 这个房间 20 平米。

b. 这本书 50 块钱。

c. 这幅画 1000 元。

(11) a. 这是 100 元（纸币）。→ *这 100 元（纸币）。

b. 您这是 200 块，找您 50。→ *您这 200 块，找您 50。

c. 我的房间不是 205 号，是 206 号。

→ d. 我的房间不是 205 号，?206 号。

(10)的数量词相当于任意序列，可以不加"是"。但(11)的数量词前一般要加"是"。(11a)是对纸钞面额进行识别，(11b)是对收款金额进行确认，这两个句子都表示识别。(11c)对房间号码的订正也属于识别，相当于"不是 205 号，而是 206 号"这种排他性说明。

"是"字句的功能之一是表示指称，而名词谓语句缺少这种功能，因此表示这类语义时，一般要使用"是"字句。下述句子也表示指称，不能省略"是"，或者说，不能使用名词谓语句。

(12) a. 你的行李是哪个?。→ *你的行李哪个?

b. （指着照片）你弟弟是哪个人? → *你弟弟哪个人?

c. 他们的班主任是李老师。→ ?他们的班主任李老师。

d. 李明是那个穿红衬衫的。→ *李明那个穿红衬衫的。

上述句中主语相当于语篇角色，宾语指认某一场景个体，表示指别说明。这类语义关系一般不用于名词谓语句。

96

(13) a. 那个戴眼镜的是谁？ → *那个戴眼镜的谁？

── b. 那个人是我弟弟。 → *那个人我弟弟。

(14) a. 坐在中间的是什么人？ → ?坐在中间的什么人？

── b. 坐在中间的是校长。 → *坐在中间的校长。

(13)(14)针对某一场景个体进行识别，一般也不用名词谓语句。下述句子也如此。

(15) a. 老李是我的邻居。 → b.*老李我的邻居。

c. 她是这个酒店的服务员。 → d.*她这个酒店的服务员。

e. 李明去上海是 4 月初。 → f.*李明去上海 4 月初。

(15a)是对"老李"的识别。(15b)似乎可以成立，但"老李"与"我的邻居"实际构成了同位语关系。(15c)也表示识别，(15d)不成立，后者实际上整体构成了一个名词短语。(15e)是分裂句，分裂句的句式功能是表示指别，一般也需要"是"。

有些句子在使用中，可以通过停顿来区分主谓语，因而省去"是"。但停顿是利用时间上的间隔来作为区分手段，它不属于语法标记。如果将停顿也列入语法标记的话，汉语的句法分析会变得更为复杂。

有些句子，如果谓语部分使用了疑问词，也可以区分主谓关系，构成名词谓语句。

(16) a. 你谁呀？

b. 他哪儿的人？

c. 这双鞋多少钱？

d. 明天什么天气？

e. 你这话什么意思？

f. 今天晚上什么菜？

第 4 章 "是"字句与名词谓语句 **97**

疑问词凸显语义焦点，可以以此来区分主谓关系。不过，上述疑问句如果换成选择性问句时，往往要加"是"。因为选择问句也属于指别问句。例如：

(17) a. 你是老张还是老李？ → ?你老张，老李？
　　 b. 他是北京人还是上海人？ → ?他北京人，上海人？
　　 c. 这双鞋是 50 块还是 100 块？ → ?这双鞋 50 块，100 块？

上述"是 A 还是 B"，相当于选择性指别问句，一般需要"是"。即使会话中有时不用"是"，也属于省略用法，并非句法意义上的完句。

从上述分析可以看出，表示指称（指别或识别）时很少使用名词谓语句，一般要使用"是"字句。由于名词谓语句是通过主谓语之间的语义关联性来构成一种说明与被说明的、松散的语义联系，因此无法用于类别或指称等逻辑性、或论证性语义关系。

3. 这孩子黄头发

下述句中谓语部分表示性状属性，也属于典型的名词谓语句。

(18) a. 这孩子黄头发。
　　 b. 小姑娘圆脸蛋，大眼睛。
　　 c. 李老师五十多岁。
　　 d. 他东北口音。
　　 e. 老头儿高血压。

这类句子主要表示属性主体某个方面的属性（侧面属性）特征，在语义功能上类似形容词句。谓语部分可以接受副词修饰、或使用"了"来表示变化等。

（19）a. 这孩子有点儿黄头发。

　　　b. 小姑娘圆圆的眼睛。

　　　c. 他很重的东北口音。

　　　d. 老头儿长年高血压。

（20）a. 奶奶已经满头白发了。

　　　b. 李老师都五十多岁了。

　　　c. 小王最近有点儿近视眼了。

　　　d. 老头儿高血压了，现在不敢喝酒了。

　　上述句子表示外在属性特征，大多属于感知性陈述。其说明对象主要为个体，偶尔也用于类属。表示外在属性特征时，可以使用数量词（类别词），其中有些数量词也具有依据外在特征对事物进行分类的功能。

（21）a. 这孩子<u>一头</u>黄头发。

　　　b. 小姑娘<u>一双</u>大眼睛。

　　　c. 他<u>一口</u>东北话。

　　　d. 老头儿<u>一身</u>病。

　　"黄头发、大眼睛、东北话、病"等表示外在属性，数量词"一头、一双、一口、一身"同样是根据外在属性进行分类的。这两类词语搭配在一起，表示说话人的一种"视觉"感知性陈述。在语义上，"数量词＋性状属性名词"相当于一个完整的名词短语。不过，通用量词"个"由于表示外在属性特征的功能弱化，很少用于名词谓语句。

（22）a. 这孩子是（一）个黄头发。　→　*这孩子（一）个黄头发。

　　　b. 小姑娘是（一）个大眼睛。　→　*小姑娘（一）个大眼睛。

　　　c. 他是（一）个东北口音。　　→　*他（一）个东北口音。

　　　d. 老头儿是（一）个高血压。　→　*老头儿（一）个高血压。

"个"属于高度抽象化的个体量词，基本失去了根据外在特征对事物进行分类的功能。因此在语义上，"一头黄头发"和"一个黄头发"表示不同性质的属性。

"一头黄头发"是对外在特征的直观的感知性陈述，而"一个黄头发"表示"黄头发"这一类属中的某一个体，即具有"黄头发"属性的人。"是一个黄头发"虽然也属于性状陈述，但伴有类属性说明的语义特征。而名词谓语句主要表示外在特征，缺少这种类属性说明语义，因此会出现差异。另外，从认知语法的观点看，"一个 NP"具有将判断对象视为某一类属范畴的原型个体的功能。这种表述相当于逻辑判断，一般要使用"是"字句。

有些名词谓语句表示籍贯、职务或国籍时也会使用类属名词，因此与"是"字句之间的语义差异很难辨认。例如：

(23) a. 他是北京人。→ 他北京人。
　　 b. 李老师是大学教授。→ 李老师大学教授。
　　 c. 他太太是美国人。→ 他太太美国人。

我们认为，上述类属名词在"是"字句中表示类属，但在名词谓语句中仍然表示侧面属性。两类句式的区别在于，"是"字句可以表示成素与类属，即〈A∈B〉的关系，也可以表示个体之间的等同，即〈A＝B〉关系。但名词谓语句的谓语主要表示主体的某个侧面属性特征，基本不表示〈A∈B〉或〈A＝B〉这种类属或等同关系。

实际上，(23)表示籍贯、职称、国籍等类属名词用于名词谓语句时，本质上与"黄头发"一样，仍然表示某个方面的性状属性，而不是类属关系。由于"北京人、大学教授、美国人"这类名词既可以表示类属属性，也可以表示侧面属性，因此也可以理解为用于"是"字句时表示类属判断，用于名词谓语句时表示侧面属性。

下述表示材质、形状或重量等用法，也属于侧面属性。

(24) a. 这双鞋橡胶底儿。

b. 这个书包塑料的。

c. 那张桌子三条腿。

d. 螃蟹八条腿。

上述句子基本不表示〈A∈B〉或〈A＝B〉关系。而下述表示类属、等同等逻辑语义关系的句子相当于〈A∈B〉或〈A＝B〉关系。

(25) a. 黄河是中华民族的母亲河。→ *黄河中华民族的母亲河。

b. 珠穆朗玛峰是世界最高峰。→ *珠穆朗玛峰世界最高峰。

c. 浪费时间就是浪费生命。→ *浪费时间（*就）浪费生命。

d. 马铃薯就是土豆。→ *马铃薯（*就）土豆。

上述句子表示逻辑性、或论证性判断，一般要使用"是"字句。同样，第2章里提到的"容器与内容"、"原因与结果"等句式也属于逻辑性判断，也要使用"是"字句。

(26) a. 改革开放的目的是搞活经济。

b. 救死扶伤是医生的职责。

c. 生病是因为病毒感染。

d. 他们进山是为了寻找野人。

以往有些研究认为，名词谓语句是一种口语化句式，相当于省略了"是"的"是"字句。但从上述句式的语义特征看，名词谓语句显然不是"是"的省略句。尽管两个句式在某些功能上会出现交叉或重叠，但本质上属于不同句式。二者之间并不完全对应，也不仅仅是口语和书面语上的区别。

第4章 "是"字句与名词谓语句   101

4. 她哪单位的?

名词谓语句的谓语部分经常出现"的"字短语。这类"的"字短语在结构和语义功能上相当于定语修饰语,可以对主语(说明对象)构成一种限制性、或区分性说明。这类修饰语用于名词谓语句时,也不是从上位类属角度,仍然是从某个侧面属性角度来进行说明的。

(27) a. 她哪单位的? — 她北大的。
　　 b. 这苹果哪儿的? — 这苹果山东的。
　　 c. 那个包儿谁的? — 那个包儿我的 [2]。
(28) a. 这本书跟人借的。
　　 b. 李老师上海来的。
　　 c. 这房子一百多年前盖的。
　　 d. 这杯茶凉的。

(27)是由名词,(28)是由动词、或形容词构成的"的"字短语,都能用于名词谓语句。上述句中"的"字短语主要说明某个侧面属性、或识别属性,而不是上下位类属、或类别关系。

例如,下述"的"字短语表示侧面属性时,可以用于名词谓语句,但表示类属或类别时,要换成"是"字句。

(29) a. 这朵花儿红的。
　　 b. 这朵花儿是红花。 → c. *这朵花儿红花。
(30) a. 那把锄头铁打的。
　　 b. 那把锄头是农具。 → c. *那把锄头农具。

(29a)"红的"表示外在特征,(29b)"红花"表示上位类属,一般要说成"是红花"。同样,(30a)"铁打的"表示材质,(30b)"农具"表示类属，一般说成"是农具"。下述例句也如此。

(31) a. 这座楼房 15 层。 （外部结构）

b. 这座楼房钢筋水泥的。 （材质或材料）

c. 这座楼房是钢筋水泥建筑。 （类属或类别）

→ d.?这座楼房钢筋水泥建筑。

(31a)表示结构，(32b)表示材质，都属于侧面属性。但(31c)"钢筋水泥建筑"相当于"楼房"的上位类属，一般用"是"字句。同样，

(32) a. 她北大的。

b. 她是学生。→ c.?她学生。→ d. 她北大的学生。

(33) a. 老李教汉语的。

b. 老李是老师。→ c.?老李老师。→ d. 老李北大的老师。

(34) a. 这苹果山东的。

b. 这苹果是富士苹果。→ c.*这苹果富士苹果。

→ d. 这苹果富士的。

(32a)"北大的"表示所属学校，(32b)"学生"表示身份。(33a)"教汉语的"表示工作内容，(33b)"老师"表示职业。(34a)"山东的"表示产地，(34b)表示品种。上述 a 类句相当于侧面属性，不属于〈A∈B〉关系，可以用于名词谓语句。但 b 类句通常会解读为类属陈述，相当于〈A∈B〉关系，一般要使用"是"字句。

汉语很少使用上位类属名词作定语，因为上位名词无法构成对中心词的限制性、或区分性说明。但上位名词获得某种区分性功能后就可以用于定语。前面例(27)(28)的"～的"等能够用于名词谓语句，也与这种限制性、或区分性有关。

同样，上述 b 类句的上位名词如果获得区分性功能，也能用于名词

谓语句。例如，（32c）"学生"改为（32d）"北大的学生"可以成立。"学生"作为上位名词缺少区分性 3)，但"北大的学生"具有区分于其他大学的积极意义。（33d）"北大的老师"也如此。（34）"富士苹果"表示上位类属时不能用于定语，一般不说"富士苹果的苹果"，但改为"富士的苹果"后可以成立。这里的"富士"具有与其他苹果区分的积极意义。同样，（34d）"这苹果富士的"也能成立。这里的"富士的"会有歧义，可以解读为产地，也可以解读为品种。但即使表示品种，仍具有与其他品种进行区分的识别意义，所以也能成立。由于这种区分主要体现在某个侧面识别属性上，仍然不属于〈A∈B〉关系。

上述"～的"表示的区分性或识别性说明，与表示个体识别的说明有所不同，主要是从某个侧面属性范畴上进行区分，属于陈述性说明。而个体识别是针对个体进行的定位或识别，属于指称性说明。因此，虽然都是区分性说明，前者是从侧面属性角度，后者是从个体坐标角度来进行的，因此在语义功能上明显不同。

另外，"是"字句表示的内容可以作为内嵌成分进入句式。例如：

（35）a. 你知道<u>她是北京人</u>吗？ → ?你知道她北京人吗？

b. 你不知道<u>李老师是教授</u>吗？ → ?你不知道李老师教授吗。

c. 听说<u>他太太是美国人</u>。 → ?听说他太太美国人。

（36）a. 他可能<u>是肺炎</u>。 → ?她可能肺炎。

b. 冠军肯定<u>是小李</u>。 → *冠军肯定小李。

c. 那个人估计<u>是（个）大学生</u>。 → *那个人估计大学生。

上述划线部分相当于内嵌成分，表示某个既定命题，与表层句式属于不同层面。这类内嵌成分一般使用"是"字句。这反过来也可以说明，名词谓语句不表示逻辑性判断，所以很少用于内嵌成分。

分裂句是由动词句演变而来的判断句式，主要表示指别关系。这种指别关系也属于逻辑判断，很少用于名词谓语句。

(37) a. 开车的是小李。 →　*开车的小李。

b. 我们要介绍的是祥子。 →　*我们要介绍的祥子?

c. 这次旅行，我印象最深的是黄山。 →　*我印象最深的黄山。

d. 我们第一次见面是前年。 →　*我们第一次见面前年。

有些句子看似名词谓语句，实际上是"是……的"句。

(38) a. 我中午吃的面条。

b. 他看的《骆驼祥子》。

c. 你买的什么?

(39) a. 我中午吃的是面条。

b. 他看的是《骆驼祥子》。

c. 你买的是什么?

(38)属于"是……的"句，(39)属于分裂句，这两类句式都将受事部分作为陈述焦点，表示识别或指别。这类语义关系也很少用于名词谓语句。

5. 我老家河北

由于名词谓语句的主要功能是表示某个侧面属性，因此会构成下述主谓谓语句式。

(40) a. 我老家河北。

b. 他们家，老大高中（生），老二初中（生）。

c. 他体重 80 公斤。

d. （我）早上油条豆浆，晚上米饭炒菜。

（40a）"我老家河北"中，"我"是说明对象，"河北"是说明内容，"老家"提示"河北"这一说明的侧面，相当于"侧面提示语"。这类主谓谓语句与名词谓语句表示侧面属性的功能高度吻合，形成了一个稳定的语义结构。（40b）"老大、老二"，（40c）"体重"，（40d）"早上、晚上"也都提示说明的范围或角度，相当于侧面提示语。

因此，即使有些句子不属于典型的主谓谓语句，但只要在主谓语之间嵌入一个提示说明侧面的提示语成分，就能构成类似的句式。

(41) a. 我<u>外出</u>两天

　　 b. 他<u>这次出差</u>半个月。

　　 c. 这些学生<u>学日语</u>两年多了。

　　 d. 老赵<u>离开中国</u> 10 年了。

上述句式与齐沪杨提出的例(1)有些相似。这类句子是否属于名词谓语句会有争议。不过，这些句式在构成"说明对象＋侧面提示语＋说明"这一语义结构上具有高度类似性，成为推动这类句式大量产出的一个语义动因。例如，下述句子从广义上讲，也属于类似结构。

(42) a. 学校<u>前面</u>一条河，<u>后面</u>一座小山。

　　 b. 我家<u>窗前</u>一盆花。

　　 c. <u>山上</u>桃花，<u>山下</u>杏花。

　　 d. <u>左手</u>一只鸡，<u>右手</u>一只鸭。

（42a）去掉"前面、后面"，（42b）去掉"窗前"后基本不成句。（42c）的说明对象不是"山上、山下"，而是某座山，"山上、山下"是说明的侧面。同样，（42d）说明的是某个人，"左手、右手"也是侧面。这类句子有时构成排比句式，侧面提示语提示排比或对照的方面或范围。

下述句子虽然句式结构有所不同，但语义结构相似。

(43) a.（大学专业），我理科，他文科。

b.（出生地）老刘北京，老李上海。

c.（职务）老刘经理，老李副经理。

上述括弧部分相当于讨论的话题（命题），"我、她"或"老刘、老李"提示对比范围。这类句式在话题语义框架的约束下，可以省去"是"或其他动词，相当于省略谓词的紧缩句式。下属例句也如此。

(44) a.苹果<u>一斤</u>五块。

b.（门票）<u>成人</u>100 块，<u>小孩儿</u>50 块。

c.这个药<u>一天</u>三次，<u>一次</u>两片。

上述句式能够成立，显然也与"说明对象＋侧面提示语＋说明"这一语义结构有关，而"我老家河北"所反映的也正是这种语义结构。

6. 小结

名词谓语句属于一个独立的句式类型，它不是省略了"是"的句式，与"是"字句之间具有不同的句式语义和功能。

名词谓语句主要表示说明对象（主语）的某个侧面属性，包括数量范畴属性、外在属性、以及区分性识别属性等，基本属于性状陈述句。名词谓语句与"是"字句不同，一般不能用于指别、识别、等同等指称判断，以及类别、归类等类属陈述。

名词谓语句的说明对象大多为个体，主要表示感知性陈述，而"是"字句的说明对象可以是个体，也可以是类属，在陈述内容上，可以表示感知性陈述，也可以表示逻辑性、知识性判断。

名词谓语句的句式语义主要依赖主谓语之间的语义联系来维系，这种语义联系相对松散，无法表示复杂的关系，也无法用于逻辑性、或论证性判断。由于主谓之间主要通过前后的语义联系来维系，因此谓语部分具有形容词性语义、或表示感知性陈述的语义特征越明显越容易成句，这也是名词谓语句经常使用数量词、类形容词、或表示侧面属性词语的原因之一。

另外，侧面提示语可以成为区分主谓语的一个语义标记，因而可以构建出类似主谓谓语句的各种衍生句式，这也是造成名词谓语句划分困难的原因之一。

不过，任何句式都有其典型的句式语义，同时，不同句式之间也并非泾渭分明，句式之间往往会出现交叉、或重叠的现象。"是"字句和名词谓语句之间也属于这种情况，尤其在口语中，受语境和说话人意图的影响，"是"字句和名词谓语句常常会出现混用现象。但从句式基本功能看，两类句式各有其典型的句式语义，相互之间并不完全对应，可以视为两类不同句式。

注释

1) 这两个句式之间的差异也与"今天"相当于直指，而"生日"相当于特指有关，但主要还与问生日是几号属于指别问句这一功能有关。

2) "那个包儿我的"可以解读为归属，也可以解读为区分。用于名词谓语句的"我的"可以解读为区分。

3) "学生"在特定语境下，也可以获得区分意义，如表示"我们俩，我老师，她学生"这种对比关系时可以成立，但需要语境支持。

第 5 章

"谁是张老三?" 和 "张老三是谁?"

吕叔湘（1984）提到下述两个句子的解释问题。

(1) a. 谁是张老三?
    b. 张老三是谁?

吕叔湘认为(1a)"谁是张老三?"有两种解释，一种是知道有个人叫张老三，但不知是谁，要求对方说明是"怎么个人"，另一种是知道现场有人叫张老三，要求对方指认是"哪个人"。相反，(1b)"张老三是谁?"只有"怎么个人"这一种解释。吕叔湘提出的问题受到关注，后续不少研究都对此进行了讨论。本章也就这两个句式的区别做一些探讨。

1. "谁" 的指称功能

杉村博文（2002b）认为"谁是张老三?"表示同一关系，可以用于指别，也可以用于指别加说明。例如（例句引自杉村博文 2002b）：

(2) a. 张老三就是那个人。　　　　　　　　A＝B
    b. 那个人就是张老三。　　　　　　　　B＝A

(3) a. 张老三就是那几封匿名信的作者。　　　A＝B

　　　b. 那几封匿名信的作者就是张老三。　　　B＝A

(4) a. 张老三是农民。　　　　　　　　　　　　A∈B

　　　b. *农民是张老三。　　　　　　　　　　　*B∈A

　　杉村博文认为"谁是张老三？"对应上述(2b)和(3b)，不对应(4b)。"谁"的指称对象应该是事先存在于说话人知识结构里的封闭性集合中的一个成素（X），比如"在场的某一个人"、"自己生活圈子里的某一个人"。如果"谁"与指称对象对不上号，X的存在本身就会成为怀疑或否定的对象，所以"谁是X？"用于反问句时，可以对X的存在表示怀疑或否定。

　　相反，"张老三是谁？"对应上述(3a)和(4a)，不对应(2a)。这个句中"张老三"的存在成为谈话双方的共有知识，"X是谁？"提问的目的在于了解X的内涵情况，一般不会产生怀疑或否定X存在的附加意义。

　　王灿龙（2010）从名词语义的"内涵凸显性"和"外延凸显性"这一角度，对"谁是NP"和"NP是谁"进行了分析，认为"NP是NP"这一句式结构主要表示以下两种语义关系。

(5)　I. $NP_{1外}$ 是 $NP_{2外}$。

　　　II. $NP_{外}$ 是 $NP_{内}$。

　　I式表示等同，II式表示陈述。从表达功能看，I式用于指认（identify），II式用于说明（portray），表示身份、特征等。不过，在疑问句前提下，II的主语也用于指认。上述结构中的"$NP_{外}$"表示外延凸显，一般用于指称，"$NP_{内}$"表示内涵凸显，一般用于陈述。

　　王灿龙认为，特指疑问句与预设有关，因此"谁是NP？"和"NP是谁？"的出现与说话人的预设以及疑问点的选取有很大关系。"谁是NP？"的预设是"有一个人是NP"，疑问点在于指认，而"NP是谁？"的预设是

"有 NP 这么一个人"，疑问点与焦点重合，NP 是与之相对的话题，说话人希望听话人对该话题加以具体的说明、描述。另外，"谁是 NP？"与"NP是谁？"的语义会因为 NP 是专有名词还是一般名词而有所改变，当 NP 为专有名词时，"NP 外是谁？"具有双重功能，表示陈述和等同，而"谁是NP 外？"只表示指认。如果Ⅰ式的"NP 外是谁？"的 NP 为一般名词时，可以表示等同和陈述这双重功能，但当Ⅱ式的"谁是 NP 内？"的 NP 为一般名词时，不能表示等同，而是指认预设话题中的指称对象。例如（例句引自王灿龙 2010）：

(6) a. 孔乙己（NP 外）是谁？（陈述／等同）
　— b.（孔乙己）是（个穷困潦倒的）文人。（陈述）
　— c.（孔乙己）是那个（站在柜台边喝酒的）人。（等同）

(7) a. 导演（NP 外）是谁？（陈述／等同）
　— b.（导演）是工作狂。（陈述）
　— c.（导演）是张艺谋。（等同）

(8) a. 谁是孔乙己（NP 外）？（指认／*陈述）
　— b. 那个站在柜台边喝酒的人。

(9) a. 谁是队长（NP 内）？（指认）
　— b. 李大明（是队长）。

(10) *谁是哥哥（NP 内）？（等同）

　　王灿龙的分析涉及话题与预设等语用方面的因素，对语义分化的原因具有很强的解释力。
　　不过，我们看到，针对(1b)"张老三是谁？"这类问句时，作为答句的(4a)"张老三是农民"、或(6b)"（孔乙己）是文人"、以及(7b)"（导演）是工作狂"都不自然。在实际语言中，回答"NP 是谁？"时，宾语很少使用光杆名词（除非是回指用法），一般要使用专有名词、有定 NP 或"（一）个 NP"的形式。例如：

第 5 章 "谁是张老三?"和"张老三是谁?" 111

(11) a. 张老三是谁?

— b.（张老三）是写那封信的人。（有定 NP）

— c.（张老三）?是农民。

→ d. 是（一）个农民。 （一个 NP）

针对"张老三是谁?"这一问句,(11c)回答"是农民"不自然,一般要说成(11d)"是(一)个农民"。吕叔湘分析"张老三是谁?"时,也认为这个"谁"表示"怎么个人"。"怎么个人"相当于"怎么(一)个 NP",在语义上指向个体,这显然更符合汉语的语感。

木村英樹（2015）在分析疑问词"什么"、"谁"和"哪＋NP"的区别时指出,"什么"和"谁"都能用于对象指称和属性陈述,但"哪＋NP"只能用于对象指称,不能用于属性陈述。另外,"什么"和"谁"用于对象指称和属性陈述时,"什么"指向范畴（category）,"谁"指向个体（individual）。因此下述句子会出现差异（例句引自木村英樹 2015）。

(12) a. 你在等什么?

— b. 我在等出租车。

— c. 我在等人。

(13) a. 你在等谁?

— b. *我在等人（／*妇女）。

— c. 我在等一个人（／一位妇女／李龙）。

(12a)"什么"问范畴。作为回答,(12b)"出租车"和(12c)"人"都可以成立。而(13a)"谁"问个体。作为回答,(13b)"人"不成立,需要将其个体化（individualization）,使用"一个人、一个妇女"或专有名词"李龙"来回答。

木村英樹认为,使用疑问词检索指称对象时,至少涉及两个不同的领域。一个是谈话现场以及作为其延伸的语篇域（谈话领域）,另一个是谈话双方的知识域（知識領域）。在知识域中，人是以个体为单位来进行信息储存或记忆的，而人以外的事物是以范畴为单位来储存或记忆的。同时，与"谁"和"什么"有关的信息偏重于知识域，而与"哪"有关的信息偏重于语篇域。

综合上述分析，我们认为，"谁"属于个体疑问词，"什么"以及"什么＋NP"属于类属（范畴）疑问词，这两类疑问词既可以表示指称，也可以表示属性。而"哪＋NP"属于指称疑问词，根据 NP 的语义既可以用于个体，也可以用于类属。

从语义功能看，"谁"具有两种疑问义，分别表示"哪个人"和"怎么个人"（或"什么人[1]"）。前者相当于指别疑问词，后者相当于识别疑问词。指别疑问词的功能是从某个集合中选取一个个体，这个集合可以是场景域集合，也可以是知识（包括记忆）域集合。相反，识别疑问词是针对某一个体进行识别或定位，一般是通过百科知识、或谈话双方共有知识来进行的，目的是求证该个体在知识域中的坐标。

東郷雄二（1999）提出了"谈话模式"（談話モデル discourse model）理论，认为谈话模式是说话人和听话人根据谈话进程而构建的一个心理场域。这个心理场域涉及 1）共有知识（shared knowledge）、2）场景语境（context of use）、3）语篇语境（linguistic context）三个域。说话人一般有自己的谈话模式（DM-S），听话人也有自己的谈话模式（DM-H），言语交际实际上是在说话人的 DM-S 和听话人 DM-H 之间不断进行调整的一个过程。

其中，1）"共有知识域"包括有关客观世界的百科知识和基于个人体验的个体记忆知识，共有知识一般为谈话双方所共有，但也不排除某些知识为单方面所有，随着谈话进程而逐步传递给另一方。 2）场景语境域是说话人和谈话人共处的、包括时间、空间以及指称对象所处的谈话现场和现场所有物体。 3）语篇语境域包括谈话的上下文以及词语、段落的前后关系等与话题有关的信息。

東郷雄二的谈话模式提供了一个有益的分析手段，借助这一手段，我们可以对汉语的"是"字句进行更为细致的观察。

在第2章里，我们将"是"字句的指称功能分为指别、识别、等同这三种。下面，我们从这三种句式功能角度，并参考先行研究的成果、以及東郷雄二的谈话模式理论等，对这两个句式再做一些探讨。

2. "谁是张老三?"的语义结构

2.1. 谁是NP?

"谁是NP?"的"谁"位于主语时表示指称，这类句式的基本功能是表示指别，并在特定语境下表示识别或等同。

这类问句可以用于两种场景，一种是NP为表示属性的普通名词短语，另一种是NP为特定的语篇角色。例如：

(14) a. 谁是学生？

　　 b. 谁个子最高？

　　 c. 谁学习汉语？

(14a)相当于从一群人中寻找一个具有学生身份的人，这个"学生"表示类属，在语义上与(14b)"个子高"、或(14c)"学习汉语"这类谓词短语相似，都表示属性。主语"谁"表示指别，问"哪个人"。

如果问话人事先知道现场有个学生，想找出这个学生时，也会使用(14a)，这时相当于问"谁是这个学生?"。这个"学生"相当于"X是学生"命题中的语义角色。同样，(14b)(14c)也可以表示类似的语义关系。"谁"指向"X个子最高"或"X学习汉语"等命题中的角色函数X，求证函数的值，问"哪个人"。下属例句也如此。

(15) a. 今天的会，谁是主持人？

　　 → b. 今天的会，主持人是谁？

（15a）"主持人"有两种解读。一种是知道主持人在现场，但不知是谁，问"谁是（这个）主持人？"。另一种是依据常识知道会议应该有主持人，想问这个主持人是谁，相当于问"今天，谁来主持会？"。

前一种解读属于场景域指称，希望从现场找出该个体。后一种是针对某个判断命题中的语义角色，希望从现场、或谈话双方的共有知识域中找出相应个体。不论哪种解读，都属于指别问句。"主持人"相当于语篇角色，"谁"指向场景域、或知识域个体（值），问"哪个人"。

指别问句的主宾语可以换位，说成（15b）"主持人是谁？"。换位后同样表示指别，"谁"问"哪个人"，而不是"怎么个人"或"什么人"。

这类问句的 NP 也可以使用"定语＋NP"形式。

（16）a. 谁是这个会议的主持人？

　　　b. 谁是你们的汉语老师？

　　　c. 谁是这家商店的老板？

（17）a. 谁是张老三的哥哥？

　　　b. 谁是《骆驼祥子》的作者？

　　　c. 哪儿是中国的首都？

（16）以指示词、或人称词为定语，（17）以专有名词为定语，这两类 NP 也属于语篇角色，问话人想弄清其所指是什么。由于这类 NP 不是实体，而是含有一个未定值 X 的角色函数，因此在后续句中，一般不能使用人称词或指示词来回指。

（18）a. 谁是主持人？

　　— b. <u>张老三</u>是主持人（／*他）。　　（主语指称）

　　— c. 主持人（／*他）<u>是张老三</u>。　　（宾语指称）

（18a）的"主持人"作为语篇角色，不能用"他"等来回指。作为答句，可以使用(18b)这种主语指称形式，也可以使用(18c)这种宾语指称形式。后者在语序上与问句不对应，相当于主宾语换位。

从(18a)的问话人角度看，当问话人预设"主持人"在现场，希望对方在现场指认该个体时，"谁"问"哪个人"。预设主持人不在现场，希望答话人提供一个知识域个体时，会有两种情况。一种是问话人估计自己可能认识这个人，希望答话人提供一个在自己知识域中有坐标(认识)的个体，这时的"谁"问"哪个人"。另一种是估计自己不认识这个人，希望对方提供一个能够在自己知识域中建立坐标的个体概念,这时,"谁"会转而问"怎么个人"。由于问话人一般期待找出一个自己认识(能够识别)的人，因此(18a)在一般语境下为指别问句，"谁"问"哪个人"。

作为答句，(18b)"张老三"也有不同解读。一种是张老三在现场，相当于说"(现场的那个)张老三(就)是主持人"。另一种是张老三不在现场，但预设对方认识张老三，相当于说"(你认识的那个)张老三(就)是主持人"。这两种回答都属于指别说明，主宾语可以换位,说成(18c)。这类句中有时可以加上"就²⁾"，在语用上表示等同。

还有一种情况是，答话人知道张老三不在现场，同时预设对方也不认识张老三，这时的"张老三"相当于"一个叫张老三的人"，希望对方根据"张老三"这一名称属性在知识域建立一个坐标。这类句式在功能上相当于识别句，一般使用(18c)这种宾语指称形式，且不能使用"就"。

上述句中的"NP"都属于语篇角色，有时也可以是虚拟的角色。

(19) a. 明年的大会，谁是主持人？ → 主持人是谁？

　　 b. 下一届比赛，谁是冠军？ → 冠军是谁？

　　 c. 谁是你未来的老公？ → 你未来的老公是谁？

上述 NP 都属于虚拟角色，这些角色及其包含的值都不确定，因此一般不能在后续句中回指。

"谁是 NP?"之所以会有不同的解读，与谈话双方在语篇、场景以及共有知识域的信息状况有关。从句式功能看,"谁是 NP?"(以及主宾语换位后的"NP 是谁?")属于典型的指别问句,"谁"在一般语境下问"哪个人"。不过,如果问话人预设自己不认识这个人(值)时,在语用功能上会变成一个识别问句,"谁"转而问"怎么个人"。但不论问"哪个人"还是问"怎么个人"都指向个体。整个句子相当于〈A=B〉关系,因此都属于指称问句。

这类问句中的"谁"一般具有下述指称义。

(20) 谁是 NP?

NP=语篇域角色(特定语境下为语篇域个体)

a. 哪个人　(属性主体)
b. 哪个人　(场景域个体)
c. 哪个人　(知识域个体)
d. 怎么个人　(知识域坐标)

(20a)的"谁"指向属性主体,它可以是场景域个体、也可以是知识域个体。它与(20b)(20c)的区别在于,说话人事先不知道这一个体是否存在,而(20b)(20c)则事先预设某一个体存在,并希望从场景域、或知识域中找出该个体。

(20d)指向知识域中某一个体坐标。针对这类问句进行回答时,一般使用专有名词或有定个指 NP,有时也使用"是(一)个 NP"的形式,数量词"(一)个"的作用是将坐标定位到"个体"上,属于必要成分。

2.2. 谁是张老三?

宾语 NP 使用"张老三"这类专有名词时,"张老三"表示具有"张老三"这一名称属性的概念载体,相当于一个叫"张老三"的角色,"谁"一般问"哪个人",但在特定语境下也会问"怎么个人"。

为了陈述方便,我们将"张老三"换成"老舍"。

(21) a. 谁是老舍? (谁＝哪个人 / 怎么个人)
　― b. 那个戴眼镜的人(就)是老舍(/?他)。(指别)
　　　→ c. 老舍(/?他)(就)是那个戴眼镜的人。
　― d. 《骆驼祥子》的作者(就)是老舍(/?他)。(指别)
　　　→ e. 老舍(/?他)(就)是《骆驼祥子》的作者。
　― f. 老舍(/?他)?是作家。→ 是(一)个作家。(指别或识别)
　― g. 老舍(/?他)*是(一)个戴眼镜的人。

(21a)"老舍"是语篇角色。问话人预设老舍在现场、或是自己可能认识的某个人时,"谁"问"哪个人"。如果预设老舍不在现场,且估计自己也不认识时,"谁"问"怎么个人"或"什么人"。

作为答句,(21b)"那个戴眼镜的人(就)是老舍"表示现场指认,主宾语可以换位,说成(21c)"老舍(就)是那个戴眼镜的人"。这类句中也可以加"就"来表示等同。普通名词 NP 用于语篇角色时一般不能回指,但"老舍"是人名,指向唯一个体,因此有时视同语篇域个体 [3],可以用"他"来回指。但不能用"这／那个人"来回指,因为这里的"老舍"仍不是特定个体。

(21d)以《骆驼祥子》为锚定物,指向知识域个体。如果对方知道《骆驼祥子》这一作品时相当于指别。如果对方不知道这一作品时,相当于利用"《骆驼祥子》的作者"来进行定位。由于答话人通常无法预设对方是否知道《骆驼祥子》这一作品,所以一般会使用(21e)这种宾语指称形式来回答,且不使用"就"。

(21f)预设对方不认识"老舍",提供了一个百科知识域个体概念,相当于知识域坐标。由于坐标要定位到个体,所以使用"(一)个 NP"形式。(21g)"一个戴眼镜的人"不能用于定位,因此不成立。

前面提到,当问话人估计自己可能认识"老舍"时,一般会期待对方提供的信息能够唤起记忆,以便从自己知识(记忆)域中找到该个体。表示这类语义时,口语中有时会使用"来着"。

(22) 这本书的作者是老舍。
　　— a.谁（＝哪个人）是老舍来着？　　（指别）
　　→ b.老舍是谁（＝哪个人）来着？
(23) a.*老舍是谁（＝怎么个人）来着？　　（识别）
　　→ b.*谁（＝怎么个人）是老舍来着？

"来着"表示"老舍"可能是自己认识的某个人，希望从自己认识的个体集合（清单）中找到该个体，在语义上相当于指别问句。

从上述分析可以看出，"谁是 NP？"或"谁是张老三？"都属于指别问句，主语"谁"一般问"哪个人"。作为回答，一般从场景域、或知识域集合中选取个体。如果问话人预设该个体不在现场、且自己也不认识时，"谁"转而问"怎么个人"来寻求一个知识域坐标，相当于识别问句。

"谁是老舍？"中的"谁"具有下述指称义。

(24) 谁是老舍？
　　　老舍 ＝ 语篇域角色（或语篇域个体）

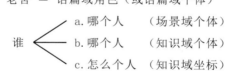

3. "张老三是谁？"的语义结构

3.1. NP 是谁？

"NP 是谁？"的主语 NP 在不同语境下，也会形成不同解读，从而使"谁"形成不同的指称义。

(25) a.（这个）唱歌的是谁？（谁＝怎么个人／?哪个人）
　　— b.（他）是那个戴眼镜的人。（不同场域个体）

第 5 章 "谁是张老三?"和"张老三是谁?" 119

— c.（他）是小李。

— d.（他）是我弟弟。

— e.?是大学生。 → f.是（一）个大学生。

— g.*是（一）个高才生。

（25a）"唱歌的"为场景域个体时，相当于直指用法。后续句可以使用"他"或"这／那个人"来回指。"谁"表示识别，问"怎么个人"，属于典型的识别问句。

不过，场景域个体也会有多种解读。如视觉现场的个体和听觉现场的个体都属于场景域个体，但针对视觉现场个体时，"谁"一般只能问"怎么个人"；而针对听觉现场个体时，"谁"既可以问"怎么个人"，也可以问"哪个人"。当听见有人唱歌时，就可以问"这个唱歌的是谁?"。这个"谁"可以问"怎么个人"，也可以问"哪个人（／哪个歌手）"。

作为答句，（25b）"那个戴眼镜的人"相当于不同场域个体，意味着"（这个）唱歌的"为听觉现场个体。（25c）"小李"为专有名词，不论对方是否认识"小李"，都能用于识别 4)。（25d）是以"我"为锚定物的有定 NP，不论对方是否认识"我弟弟"，也能满足识别要求。（25e）"大学生"是利用百科知识来定位，一般使用（25f）"是（一）个大学生"形式。（25g）"高才生"在这里不属于识别属性 5)，不成立。

当"NP 是谁?"的 NP 为视觉现场个体时，"谁"只能问"怎么个人"。

（26）a.那个戴眼镜的人是谁? → b.*谁是那个戴眼镜的人?

— c.（那个戴眼镜的人）是老舍。 （宾语指称）

→ d.*老舍是（那个带眼镜的人。

（27）a.你说的这个人是谁? → b.?谁是你说的这个人?

— c.（我说的这个人）是老舍。 （宾语指称）

→ d.*老舍是（我说的这个人）。

（26a）"那个戴眼镜的人"相当于现场直指用法，"谁"问"怎么个人"或"什么人"。答句一般使用（26c）这种宾语指称。同样，（27a）含有指示词"这个人"，也相当于直指用法，很少说"谁是你说的这个人？"。作为答句，一般也使用（27c）宾语指称形式。

"NP 是谁？"的 NP 也可以是一个语篇域个体，这时的"谁"既可以问"哪个人"，也可以问"怎么个人"。例如：

（28）a. 昨晚唱歌的人是谁？ （谁＝怎么个人／哪个人）
　　― b.（他）是那个戴眼镜的人。 （场景域个体）
　　― c.（他）是小李。 （知识域个体）
　　― d.（他）是我弟弟。 （知识域个体）
　　― e.（他）是（一）个大学生。 （知识域坐标）
　　　　→ f. ? 是大学生。

（28a）"昨晚唱歌的"是获得谈话双方共识（共有记忆）的特定个体。在上述句中作为语篇域个体出现时，"谁"问"怎么个人"，但在特定语境下也可以问"哪个人"。

作为答句，（28b）指向现场个体，回答"哪个人"，表示指别。不过，这个答句的背景是"昨晚唱歌的"为某个听觉现场个体，问话人没见过面。（28c）（28d）（28e）指向知识域个体，回答"怎么个人"，表示识别。

识别问句与指别问句在句式结构上明显不同，识别句的主语 NP 一般为获得谈话双方共识的某个特定个体，根据汉语的句法规则只能用于主语位置。即使整个句子因为特殊语境而用于指别说明，也属于语用上的变通功能，作为句式仍要保持宾语指称形式，且主宾语不能换位。不过，识别问句有时会作为"谁是 NP？"这一指别问句的倒置句式出现，因此，最终还需要根据语境来判断。

"NP 是谁？"的 NP 为"指示词＋NP"时，一般表示场景域、或语篇域的特定个体，相当于直指用法。"谁"一般问"怎么个人"。

第 5 章 "谁是张老三?"和"张老三是谁?"　121

(29) a. 昨天找你的<u>那个人</u>是谁?　（谁＝怎么个人 / ?哪个人）
　　— b.（他）是张老三。　　　（知识域个体）
　　— c.（他）是我弟弟。　　　（知识域个体）
　　— d.（他）是一个大学生。 → *是大学生。（知识域坐标）
　　— e.（他）（就）是那个戴眼镜的人。（场景域个体）

　　(29a)"昨天找你的那个人"是获得双方共识的特定个体，在上述句中作为语篇域个体出现，可以用"他"来回指。作为答句，(29b)(29c)(29d)表示识别，(29e)表示指别。但(29e)伴有出乎预料的意外语气，表示是因为巧合而造成语篇域个体与现场域个体之间形成了一致性，在语用上相当于等同句，可以使用"就"。

　　另外，下述划线部分相当于某一命题语义框架中的关联项，一般也使用"NP 是谁?"形式。

(30) a. 那个电影特别有意思。
　　— b. <u>导演</u>是谁?　→ *谁是导演?
(31) a. 昨天看了一场乒乓球决赛。
　　— b. <u>冠军</u>是谁?　→ ?谁是冠军?

　　(30b)"导演"和(31b)"冠军"是根据"电影"和"乒乓球决赛"推导出来的有定角色，相当于"它的 NP"。这里的"谁"可以问"哪个人"，也可以问"怎么个人"，但在句式上一般使用识别问句，且主宾语很少换位。

　　当"NP 是谁?"的 NP 为人称词、或指示词时，也相当于直指用法，"谁"问"怎么个人"。表示这类语义关系时，主宾语也不能换位。

(32) a. 他是谁?（＝怎么个人）　→ *谁是他?
　　— b. 他是一个农民。　→ c.?他是农民。

(33) a.这是什么?（＝什么东西） → *什么是这个?
　　 — b.这是一个苹果。→ c.这是苹果。

(32a)"谁"问"怎么个人",回答时要具体到个体,因此(32b)使用"是(一)个农民"。相反,(33)是对物体进行识别,针对物体的识别说明可以具体到个体,也可以止于范畴,因此,既可以使用"是(一)个 NP",也可以使用"是 NP"。

上述"NP 是谁?"中的"谁"具有下述指称义。

(34) NP 是谁?
　　　NP ＝ 场景域个体、或语篇域个体

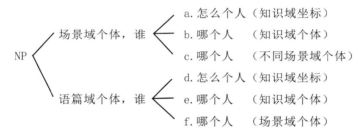

除了上述"NP 是谁?"以外,针对场所或时间的疑问句也相当于识别问句。例如:

(35) a.这儿是哪儿（＝什么地方）? → *哪儿是这儿?
　　 — b.这儿是（一所）大学。→ c.*大学是这儿。
(36) a.今天是几号? → *几号是今天?
　　 — b.今天是 5 月 10 号。 → c.*5 月 10 号是今天。

上述句式相当于对场所和时间的识别问句,主语"这儿"和"今天"也相当于直指用法。这类句式一般要使用宾语指称,且主宾语不能换位。

第 5 章 "谁是张老三?"和"张老三是谁?" 123

3.2. 张老三是谁?

主语"张老三"类似"这个叫张老三的人",作为语篇域个体,相当于取得谈话双方共识的特定个体,但在特定语境下也会成为语篇角色。

(37) a. 张老三是谁? （谁＝怎么个人／哪个人）
　　— b.（他）（就）是哪个戴眼镜的。 （场景域个体）
　　— c.（他）（就）是写那封信的人。 （知识域个体）
　　— d.?（他）是农民。→ e. 是（一）个农民。（知识域坐标）
　　— f.*是（一）个高才生。

(37a)在一般语境下为识别问句,"谁"问"怎么个人"。但如果知道张老三在现场时,也可以用于指别,问"哪个人"。

作为答句,(37b)指向场景域个体,回答"哪个人"。(37c)"写那封信的人"指向知识域个体,回答"怎么个人"。如果谈话双方知道这个"写信的人"是谁时,也可以使用"就"来表示等同。(37d)"农民"表示定位,一般使用(37e)"（一）个农民"形式。(37f)"高才生"在这里不能用于定位。

在特定语境下,"张老三"也可能作为语篇角色出现,问"（你说的这个）张老三是谁?",相当于"谁是张老三?"的倒置句式。这时的"谁"一般问"哪个人",但也可以问"怎么个人"。

另外,在某些语境下,张老三也可以是场景域个体,如指着现场的某个人说"（这个叫）张老三（的人）是谁?"。但这种场景基本排除了问"哪个人"这一选项,一般会直接问"什么人?"。不过,如果张老三是照片上的某个人,问话人拿着照片到现场寻找张老三本人时,"谁"也可以问"哪个人",这种问句相当于寻求两个不同场域个体之间的一致性。同时,张老三作为照片上的人,虽然也属于场景域个体,但这时的"谁"既可以问"哪个人",也可以问"怎么个人"。

因此,上述"张老三是谁?"在一般语境下属于识别问句。其主语"张老三"为语篇域个体。"谁"表示识别,问"怎么个人"。但在某些语境下,张老三也会作为语篇角色、或照片中的个体出现,这时的"谁"会根据语境问"哪个人"或"怎么个人"。

"张老三是谁?"的"谁"具有下述指称义。

(38) 张老三是谁?
张老三 = 语篇域个体、或场景域个体

我们注意到,这类问句有时会因为主语是摹状词(分析形式)还是人名(指称形式)而形成不同的语义指向。如主语 NP 为摹状词时,"谁"倾向于问"哪个人",而主语 NP 为人名时,倾向于问"怎么个人"。

(39) a. 《骆驼祥子》的作者是谁? (谁=哪个人/?怎么个人)
　　 b. 老舍是谁? (谁=怎么个人/?哪个人)
(40) a. 美国总统是谁? (谁=哪个人/?怎么个人)
　　 b. 里根是谁? (谁=怎么个人/?哪个人)

(39)的"《骆驼祥子》的作者"和(40)的"美国总统"一般解读为语篇角色,"谁"问"哪个人"。而"老舍"或"里根"由于是人名,一般会解读为特定个体,"谁"倾向于问"怎么个人"。不过,这只是一种语义倾向,NP 和"谁"究竟表示什么,最终还要根据实际语境来判断。

4. "谁是张老三?"和"张老三是谁?"的区别

我们回到吕叔湘的"谁是张老三?"和"张老三是谁?"的问题上。

"谁是张老三?"属于典型的指别问句。"张老三"在一般语境下为语篇角色(函数),"谁"求证个体(值),问"哪个人"。

"谁"向场景域求解时,要求对方提供一个现场个体。如果预计张老三不在现场时,则要求对方提供一个知识域(已知)个体。不论哪种,都属于指别问句,类似从一份含有 a、b、c、d、……等个体集合清单中选取某一个体。但当问话人预设自己不认识张老三时,则希望对方提供一个知识域个体坐标,这时"谁"会转而问"怎么个人",在语用功能上相当于一个识别问句。

作为答句,答话人一般提供一个场景域、或知识域中的特定个体。如果预计对方不认识该个体时,会提供一个(百科)知识域个体,相当于一个知识域坐标,来说明"哪个人"或"怎么个人"。例如:

(41) a. 谁是张老三? (指别问句)
   — b. 那个戴眼镜的人(就)是张老三。
      → c. 张老三(就)是那个戴眼镜的人。
   — d. 写那封信的人(就)是张老三。
      → e. 张老三(就)是写那封信的人。
   — f. 张老三(*就)是一个农民。
      → g. ?张老三是农民。

(41b)指向场景域个体,(41d)指向知识域个体。如果该个体为对方已知个体(知识域有坐标)时,可以加"就"来表示等同。这类答句指向场景域个体时,主宾语可以换位,但表示知识域个体时往往使用宾语指称形式。(41f)"是(一)个农民"相当于百科知识域个体,表示指别或定位。一般不用"就",且主宾语不能换位。

相反，"张老三是谁？"是典型的识别问句。这类问句的主语"张老三"相当于获得谈话双方共识的某一特定个体，可以在后续句回指。"谁"一般问"怎么个人"。

在某些语境下，这个句式也可以用于指别问句。如用于不同场域个体之间的一致性关系时，也可以表示指别，"谁"问"哪个人"。另外，这个句式也会作为指别问句"谁是张老三？"的倒置句式出现。不过，这些指别用法属于语用上的变通功能。作为整个句式来说，"张老三是谁？"属于识别句式，一般要使用宾语指称，且主宾语不能换位。

(42) a. 张老三是谁？ （识别问句）
—— b. 张老三（/他）（就）是写那封信的人。
→ c.?写那封信的人(就)是张老三（/他）。
—— d. 张老三（/他）（就）是那个戴眼镜的人。
→ e.?那个戴眼镜的(就)是张老三（/他）。
—— f. 张老三（/他）是（一）个农民。
—— g.?张老三（/他）是农民。

(42a)"张老三"是获得谈话双方共识的某一特定个体，可以是语篇域个体，也可以是现场域个体，相当于直指用法。"谁"一般问"怎么个人"。作为答句，(42b)"写那封信的人"指向知识域个体，表示识别。如果谈话双方事先知道"写那封信的人"时，也可以使用"就"来表示等同，但仍会使用宾语指称形式。

(42d)"那个戴眼镜的人"为场景域个体，相当于指别说明。这类指别句往往用于不同场域个体间的一致关系，有时会有意外语气。

(42f)是预设对方不认识"张老三"，通过百科知识来定位，一般使用"（一）个 NP"形式。(42g)表示类属。对于身份不明的个体很少进行类属区分，因此不自然。

不过，"张老三"在某些语境下也可以成为一个语篇角色。例如：

(43) a.（你说的这个）张老三是谁？ （谁＝怎么个人／哪个人）

— b.张老三（就）是那个戴眼镜的人。

→ c.?那个戴眼镜的人（就）是张老三。

— d.张老三（就）是写那封信的人。

→ e.?写那封信的人（就）是张老三。

— f.张老三是（一）个农民。

→ g.?张老三是农民。

与前面(42a)的"张老三"的不同，上述(43a)的"张老三"对于问话人来说，是首次听说的人（语篇角色）。这个问句相当于"谁是张老三？"的倒置句式，因此"谁"既可以问"哪个人"，也可以问"怎么个人"。

不过，这个问句的语序，一般是根据前后语义关系、或话题框架等因素而将张老三放在主语位置上的。因此，这个句式一旦形成后，主宾语很少换位。不论是问句还是答句，一般都会保持宾语指称形式。从这个意义说，指别问句"谁是张老三？"可以置换为"张老三是谁？"，但识别问句"张老三是谁？"受到前后语义以及话题的制约，一般不再置换为"谁是张老三？"。从前面列举的一些例子也可以看出，一旦形成"NP是谁？"这一句式后，主宾语一般不能换位。

作为答句，(43b)指向场景域个体，(43d)指向知识域个体。根据语境可以解读为指别，也可以解读为识别，也可以使用"就"来表示等同。(43f)的"一个农民"根据语境可以解读为指别或识别，而(43g)不论表示指别还是识别，都不自然。

综上所述，"谁是张老三？"和"张老三是谁？"从句式功能看，属于两种不同的句式。前者是典型的指别问句，后者是典型的识别问句，各有其不同的句式结构和功能。在实际使用中，这两种句式会受到语境的影响会出现交叉、甚至重叠现象。因此，对这两个句式的语义功能进行分析时，除了考虑句式结构因素以外，还要考虑不同场域、话题框架、以及谈话双方的知识背景、语用意图等语用方面的因素。

5. "什么是爱情?"和"爱情是什么?"

吕叔湘（1984）还提出了"什么是爱情?"和"爱情是什么?"的区别问题。吕叔湘认为这两个句子不同于"谁是张老三?"和"张老三是谁?"，在语义上没有明显区别。张伯江、方梅（1996）也认为由"什么"构成的特指疑问判断句中，无论"什么"出现的位置如何，都只能跟说明性答句相匹配，不与指称句相匹配。因此，"什么是NP?"和"NP是什么?"表达的语义相同。

但是，杉村博文（2002b）认为由于句式语义结构的约束，这两类句式也会形成不同的语义。首先，"什么是X?"问的是听话人对X的知识，而不是听话人对X的看法，是要求听话人提供有关X的知识或给出X的定义，而不是要求听话人就X阐述自己的看法。"什么是X?"中的"什么"指称某一种现成的概念，X代表某一类经过概念化的事物，具备现成性和指别性。如同"谁是X?"中的"谁"和X之间一样，"什么是X?"的"什么"和X之间也表示同一关系。如果二者之间不对应的话，人们就会怀疑或否定X的存在。例如（例句引自杉村博文2002b）：

(44) a.什么是爱情? 这世界上有叫爱情的这个玩艺儿吗?
　　　b.什么是恐龙，存在过这种东西吗?

相反，"X是什么?"不是问听话人有关X的知识，而是对X的看法。X的指称对象不论表示特指还是泛指，其存在都已经得到谈话双方确认，并成为双方共有知识，因而需要进一步了解的就只有X的内涵了。

曹泰和（2017）赞同杉村博文的观点，也认为这两类句式存在着语义上的差异。例如（例句引自曹泰和2017）：

(45) a.什么是校规?
　　　b.校规是什么?

（45a）问"校规"定义，如：校规是学校规定的……规则。（45b）问"校规"内容，如：第一条、第二条、第三条……的内容等。另外，"什么是X？"的X多使用抽象概念词语，而"X是什么？"的X多为特定个体，后者一般不能换成"什么是X？"。例如（例句引自曹泰和2017）：

(46)　a. 你刚才扔出来的是什么？

　　　　b. 她的最后一句话是什么？

　　　　c. 今晚的口令是什么？

　　　　d. 我们这个厂的至高精神应该是什么？

我们基本同意杉村博文和曹泰和的上述观点，认为"什么是 NP？"和"NP 是什么？"反映了两种不同的句式语义。

从句式语义功能看，"什么是 NP？"是指别问句，而"NP 是什么？"是识别问句。指别问句"什么是 NP？"的主宾语可以换位，说成"NP 是什么？"，而识别问句"NP 是什么？"的主宾语不能换位，但有可能作为"什么是 NP？"的倒置句式出现，从而造成两类句式语义上的混淆。

"爱情是什么？"和"什么是爱情？"都属于知识性陈述，其指称对象不是实际物体，而是抽象概念，因此会造成分析上的困扰。不过，"爱情"既然是名词，就会有外延和内涵之分，在语义上必然会出现指向外延、还是内涵的问题。

我们认为，"什么是爱情？"的"爱情"相当于概念名称，"什么"指向外延，整个句子是问"什么是所谓的爱情？"。在语义上类似"谁是这个叫张老三的人？"，主要表示所指与名称概念之间的一致关系。这里的"爱情"相当于角色函数，含有一个默认值，"什么"求证这个值。如果找不到这个值，我们会认为"爱情"这一概念没有与其对应的个体（值），属于虚假概念。这时，如同杉村博文提到的例(44a)那样，转而表示"爱情"不存在。

相反，"爱情是什么？"的"爱情"相当于取得谈话双方共识的特定个体。我们一般将其视为实际存在的事物，"什么"对其识别或辨认，如同面对一个不明物体，想弄清它是个什么（东西）一样。因此，指别问句"什么是爱情？"主要表示概念与个体之间的一致性关系，而识别问句"爱情是什么？"主要表示个体与其内涵或识别属性之间的一致性关系。

在"校规"的解释上，对首次听说有"校规"的人来说，"校规"是一个新鲜概念（名称）。"什么是校规？"问其所指，相当于问"什么是所谓的校规？"。这类问句的主宾语可以换位，说成"所谓的校规是什么？"。不过，需要说明的是，"什么是NP"并不限于问抽象概念，也可以问具体事物。例如，儿童首次听说"平头哥"时，会问"什么是平头哥？"。它相当于问"平头哥指的是什么"，或"什么是你们说的平头哥？"。这个句子也可以倒过来，问"（你们说的）平头哥是什么？"。针对这类问题进行回答时，一般要说明其所指。

与"什么是校规？"不同，"校规是什么？"相当于谈话双方知道有"校规"这一事物后，问"校规"的内容。如果换成"这个学校的校规是什么？"更明确，因为"这个学校的校规"指向特定个体，意味着说话人已经知道什么是校规，只是不知道"这个学校"的校规内容。这类句子相当于识别问句，这类问句的主宾语不能换位，说成"什么是这个学校的校规？"。

儿童经常使用"什么是NP？"，是因为对于儿童来说，NP作为陌生概念出现的概率更高。这也是杉村博文解释为"问知识"或"问定义"的原因所在。我们看到，凡是只知道概念名称，但不知其所指时，一般会使用指别问句"什么是NP？"。相反，"NP是什么？"一般是在认可NP存在的前提下，问其内涵或识别属性。

(47) a. 什么（*东西）是 ChatGPT？ → b. ChatGPT 是什么？
　　 c. ChatGPT 是（个）什么东西？ → d. *什么东西是 ChatGPT？
(48) a. 什么（*东西）是爱情？ → b. 爱情是什么？
　　 c. 爱情是（个）什么（东西）？ → d. *什么东西是爱情？

第 5 章 "谁是张老三？"和"张老三是谁？" 131

（47a）"ChatGPT"相当于陌生概念（名称），听话人不知其所指，所以问是"什么"。因为是问概念所指，且不知是什么，所以不能问"什么东西"。这个句子可以倒置，说成（47b）。而（47c）是知道有"ChatGPT"这一事物（东西）的前提下，对其进行识别。这里的"什么"可以说成"什么东西"，默认它是实际存在的事物。

同样，（48a）"什么是爱情？"也是问"爱情"之所指，而（48c）"爱情是什么（东西）？"是对"爱情"进行识别。两个句子由于语义功能不同，会衍生出下面两个语义关系不同的句子。

（49）a. 什么是（→ 叫 / *算）爱情？ 这世界上有爱情吗？
　　　b. 爱情是（→ *叫 / 算）什么？ 爱情能当饭吃吗？

（49a）"爱情"相当于概念名称，因此"是"可以换成"叫"，对爱情表示怀疑时，一般会否定其存在。相反，（49b）承认有"爱情"，对爱情表示怀疑时，会否认其价值（属性）。由于语义关系不同，（49a）可以换成"叫"，但不能换成"算"，（49b）可以换成"算"，但不能换成"叫"。"叫"指向概念名称，"算"指向价值属性。

6. 小结

"谁是张老三？"和"张老三是谁？"之间的差异是一个由来已久的问题，对这个问题已有很多讨论，本章主要从句式功能和使用场景的角度重新进行了梳理。

我们认为"谁是张老三？"和"张老三是谁？"作为疑问句式，都属于指称性问句，"谁是张老三？"是指别问句，而"张老三是谁？"是识别问句。这两个句式都用于求证不同场域个体、或个体与概念之间的一致性关系，所以都属于指称句。

在以往的研究中，对指别问句"谁是张老三？"及其倒置句式"张老三是谁?"做了很多分析,但对"张老三是谁?"这类识别问句的分析尚有欠缺。我们认为,识别问句"张老三是谁?"的句式功能是针对某一个体进行定位或识别,它与"张老三怎么样?"或"张老三是什么样的人?"等属性问句不同,在语义上和功能上都有其独自的句式特征。

在上述分析中,我们借鉴了東郷雄二(1999)的"谈话模式"理论,从场景域、语篇域以及谈话双方共有知识域三个方面进行了梳理。这些场域相当于语言的使用场景,也属于解析句式语义功能的一个重要观察视角,从这个角度进行观察,可以看出不同句式之间的细微差异。

注释

1) 在汉语里,"什么人"也相当于个体疑问词,但与"怎么个人"相比,语义相对宽泛一些。因此,本章主要使用"怎么个人",必要时使用"什么人"。

2) "就"表示主宾语 NP 均为已知个体,在语用上相当于等同句。

3) 语篇中的角色与个体值处于分离状态、或含有一个未定值时,相当于"语篇(域)角色"。作为角色和值的统一体出现时,相当于"语篇域个体"。后者相当于获得谈话双方共识的指称对象,可以在后续句中回指。

4) 对于不认识"小李"的人来说,相当于"一个名叫小李的人",属于一个百科知识域个体概念。

5) 什么样的属性可以用于定位或识别,与百科常识有关,也与句式的实际使用场景有关,主要看其能否在知识域中建立一个个体坐标。

第6章

"S 是 (一) 个 NP" 的结构与功能 [1)]

1. "是 NP" 和 "是 (一) 个 NP"

"是"字句有"S 是 NP"和"S 是 (一) 个 NP"两种形式。

(1) a. 他是学生。

    b. 他是 (一) 个学生。

大河内康宪（1985）认为"（一）个"具有"个体化（individuating）"功能。张伯江、李珍明（2002）认为，"是 NP"表示客观性评价，"是（一）个 NP"表示主观性评价，"（一）个"相当于主观性标记。安井二美子（2003）认为，"S 是 NP"表示 S 是集合体 NP 的一个成员，而"S 是（一）个 NP"表示 S 等同于一个具有某种属性的 NP。前者表示类别，后者凸显个体属性。桥本永贡子（2014）认为，"是 NP"表示类属，而"是（一）个 NP"相当于「倒置同定文（识别句）」，表示个体属性。

另外，大河内康宪（1985），李旭平、齐冲（2009）认为，汉语的普通名词相当于不可数名词。不可数名词一般具有均质、无界等性质，使用数量词可以使其有界化。王亚新（2012）认为，数量属于事物的外在属性，使用数量词会给事物带来个体性、区分性和具象性等语义特征，这一特征在表示非感知性陈述时仍会得到保留。

"个"作为一个功能泛化的通用量词，虽然在事物范畴化上具有很高的抽象度，但仍保留了个体性、有界性以及具象性等功能。一般地说，"（一）个 NP"可以表示：计数、个体（有界）性、实体（具象）性、不定性等语义，用于谓语陈述时仍保留了这些功能。

但是，对于"是"字句宾语位置的"（一）个 NP"是否具有上述功能存在争议。陈平（1987）、张伯江（1997）、王红旗（2004）认为"是"字句的"一个 NP"属于无指成分，只用于属性陈述。不过，如果"是 NP"和"是（一）个 NP"都表示属性陈述的话，那么二者之间的区别究竟是什么，仍然是一个有待解决的问题。

我们认为，表示属性陈述时，"是 NP"和"是（一）个 NP"的语义功能既有相同之处，也有不同之处。如"是 NP"表示类属判断时，会潜在地涉及命题的真伪判断。同时，表示"A 是 B（类）"的同时，含有 A 不属于 B 以外的其他类属，伴有对比、或排他等附带语义。而"是（一）个 NP"很少用于这种对比、或排他性陈述。例如：

(2) a. 我是学生，不是老师。

　　b. 我是学生，他是老师。

　　c. ?我是（一）个学生，不是（一）个老师。

　　d. ?我是（一）个学生，他是（一）个老师。

(2a)(2b)具有对比或排他性，一般使用"是 NP"。(2c)(2d)"（一）个 NP"很少用于这种对比性判断 2)。

属性陈述可以分为知识性陈述和感知性陈述。用于后者时通常会具体到个体，从而使用"（一）个 NP"。

(3) a. 他是老师（，不是学生）。

　　b. （两人为师生关系）他是老师，她是学生。

(4) a. 他是(一)个又高又瘦的老人。

b. 他是(一)个脾气古怪的人。

(3a)表示类属，相当于知识性陈述。(3b)表示指称，"老师"和"学生"为有定 NP，表示彼此关系。(4a)表示外在属性特征，属于感知性陈述，"(一)个"为必要成分。(4b)可以是感知性陈述，也可以是知识性陈述，"(一)个"可有可无。但使用"(一)个"可以获得某种感知性陈述的语义效应，凸显被说明对象的可感知性或具象性。

"是(一)个 NP"用于个体说明时，会带来个体性、具象性以及个体特有属性等语义效应。不过，由于语言具有很大的随意性，在实际语言中，"是 NP"和"是(一)个 NP"的差异有时很难辨认，需要放到特定的语境下进行观察才能看出其中的差异。例如：

(5) a. 谁是李明？

— b.（?他）是那个戴眼镜的人。

— c. 是(一)个大学生。

— d. ?是大学生。

(6) a. 那个戴眼镜的人是谁？

— b. 他是李明。

— c.（他）是(一)个大学生。

— d. ?是大学生。

(7) a. 李明是干什么的？

— b. 他是(一)个大学生。

— c.（他）是大学生。

(5a)"李明"相当于一个语篇角色，"谁"问"哪个人"。作为回答，(5b)"那个戴眼镜的人"指向场景域个体，表示指别。(5c)"(一)个大学生"指向知识域个体。该个体在说话人一方是已知的，但预设听话人可能不认识，使用了不定 NP。这个"（一）个 NP"相当于"大学生"范畴中的某一个体，尽管信息量有限，但能满足最低的指认要求。表示这种说明时，一般要在个体之间形成〈A＝B〉这种对应关系，因此需要"（一）个"。（5d）"大学生"表示类属，无法用于对个体的指认说明，不自然。

（6a）"那个戴眼镜的人"指向场景域个体，可以用"他"来回指。"谁"问"什么人"或"怎么个人"，询问其身份或识别属性。作为答句，（6b）使用专有名词，（6c）使用"一个 NP"来表示识别。这里的"（一）个"也属于必要成分。相反，（6d）缺少个体识别意义，不自然。

（7a）"李明"相当于获得谈话双方共识的特定个体，可以用"他"来回指。"干什么的"问其身份或属性。作为答句，（7b）和（7c）都可以成立，前者说明个体属性，后者说明类属范畴。相比之下，前者的"（一）个大学生"倾向于对个体的说明。这里的"是（一）个 NP"和"是 NP"尽管有语义上的差异，但在表示属性陈述上都能成立。

我们注意到，用于属性陈述时，（7b）的"（一）个大学生"伴有某种价值评价色彩，表示"大学生"的社会属性地位。而（5c）（6c）的"（一）个大学生"没有这种语义特征。这显然与"（一）个大学生"表示对象指称、还是属性陈述这一功能上的差异有关。

上述（5c）（6c）（7b）都使用了"（一）个 NP"，但功能有所不同。（5c）表示指别，（6c）表示识别，（7b）表示个体属性。

下面，我们从几个方面再来分析一下"（一）个 NP"的使用情况。

2. 表示存在的"（一）个 NP"

"是"字句可以表示存在。例如：

（8）a. 前面是（一）条河。　→　前面有（一）条河。

　　b. 墙上是（一）幅画儿。→　墙上有（一）幅画儿。

第 6 章 "S 是(一)个 NP"的结构与功能 137

　　表示存在的"是"字句与"有"字句一样，数量词"(一)个"具有计数功能，且量词也不限于"个"，还可以是其他量词。根据木村英树（2012）的观点，表示存在的"有"字句分为"表示特定时空下的'知觉（感知）性'存在关系"和"非视觉性的、表示抽象概念之间相互关系的'知识性'存在关系"两种类型。前者一般采用"一个 NP"形式。

　　我们看到，表示存在的"是"字句也可以分为感知性陈述和知识性陈述。前者是通过感官感知到的某个场景，后者是依靠百科常识来推导的存在关系。我们在第 3 章提到，表示存在的"是"字句并不直接表示存在，而是对场所上的存在物表示识别。

(9)　a.广场中央是一座纪念碑。　→ b.广场中央是纪念碑。

　　c.院子中间是(一)棵枣树。　→ d.?院子中间是枣树。

　　e.<u>这是个栽着枣树的普通四合院</u>，自搭的小房使院子留有几条通往各家门口的夹道。（王朔文集）

　　→ *这是栽着枣树的普通四合院

　　f.<u>医院院墙外是一条很窄的街</u>，来来往往的人中有不少是医院的干部、医生。（王朔文集）　→*是很窄的街

　　(9a)表示存在或位置关系，可以是感知性陈述，也可以是知识性陈述 [3]。(9b)相当于知识性陈述，"纪念碑"作为谈话双方知识域中的已知成分，可以省略"一座"。(9c)是感知性陈述，需要"一棵"。(9d)"枣树"如果不是已知成分时，不能省略"一棵"。(9e)(9f)是对"院子、医院院墙外"的感知性描述，需要"(一)个"，否则会不自然。

　　表示感知性陈述时，不同的使用场景会形成不同的解读，如事先不知道是否有存在物时表示发现，事先知道有存在物时表示识别。

(10)　a.打开抽屉，发现里面是衬衫。

　　　b.打开抽屉，发现里面是(一)件衬衫。

(11) a. ?抽屉里面是雪白的衬衫。

　　　b. 抽屉里面是（一）件雪白的衬衫。

(10a)"衬衫"是类指，一般表示复数。(10b)"（一）件衬衫"表示个指。两个句子差异很小，但说明个体时倾向于使用"（一）个"。(11b)"雪白"表示外在属性特征，"（一）件"表示数量，不能缺省。

　　同样，下述句中的"（一）个"也都属于必要成分。

(12) a. 我坐在乔乔的另一边而汪若海坐到了乔乔那一边，这样我对面<u>就不是高晋和许逊而是高洋</u>，<u>高洋旁边也不是卓越而是一个陌生人</u>。（王朔文集）　　→ *陌生人

　　　b. 有时他在街上行走的不同少女脸上会依稀发现她的特征和神情，这往往使他暗暗一怔，但再细端详，那神情似又不翼而飞，<u>面对他的只是个陌生少女</u>。（王朔文集）　→ *陌生少女

　　　c. 那天夜里我接了个电话，<u>电话里是个女人</u>，她对我说一个叫凌瑜的女人不行了，住在医院，她的红斑狼疮已经到了晚期，想见我一面。（王朔文集）　　→ *女人

(12a)"我对面"转指"我对面的人"，划线部分"（不是高晋和许逊而）是高洋"和"（不是卓越而)是一个陌生人"表示指称。"一个陌生人"是不定 NP，但与专有名词"高洋"功能相同。

　　同样，(12b)"（一）个陌生少女"、(12c)"（一）个女人"也都属于指称性成分，其中的"（一）个"保留了计数功能，不能省略。

　　下述句中主语"的"字短语部分表示特定个体，"（一）个 NP"表示识别，说明它是什么。这类句中的"（一）个"也不能缺省。

(13) a. 他觉得自己已经抓住了铜环，已经推门而入了。而且他应该听到一声老态龙钟的响声，那是门被推开时所发出来的。<u>展</u>

现在眼前的是一个潮湿的天井。（余华：四月三日事件）

b. 一辆美式吉普自东向西疾驰而来。路边骑车上班的行人看到<u>开车的是个硝烟满身的美军上将</u>无不大惊失色。这是哪儿刚空投下来的？怎么没人管他？我们的军队呢？（王朔文集）

c. 月光下，<u>出现在她面前的是一张雪白的脸</u>，表情肌僵直，眼无瞳孔，长发在夜空中飘舞，犹如一具毫无生气的橡皮模拟人。（王朔文集）

上述句子都属于感知性陈述，"（一）个 NP"表示实际看到的物体，具有高度的具象性。这里的"（一）个"也属于必要成分。

表示感知性陈述时，除了"（一）个 NP"以外，也会使用专有名词或有定 NP。例如：

(14) a. 我左边是老赵，右边是老李。

b. 马林生推开病房门，<u>首先看到的是哭红了眼的前妻和岳母</u>，然后才看到了躺在病床上的马锐。（王朔文集）

c. 有人来到我身后，我回过头，<u>是阿眉</u>。她穿着红色的雨靴，打着把红色尼龙伞，鬓上挂着晶亮的水珠。（王朔文集）

d. 这天晚上有人敲门，小林打开门，<u>是印度女人的丈夫</u>。印度女人的丈夫具体是干什么的，小林和小林老婆都不清楚，反正整天穿得笔挺，打着领带，骑摩托上班。（刘震云：一地鸡毛）

在以往的研究中，上述宾语使用专有名词或有定 NP 时，一般解释为指称，而使用(12)(13)这类"（一）个 NP"时，一般解释为属性陈述。我们认为，上述"（一）个 NP"在功能上与专有名词或有定 NP 基本相同，都表示指称说明，且数量词"（一）个"基本保留了计数功能，因此在语义功能上应当视为指称性成分。

3. 表示识别的"（一）个 NP"

除了表示存在的"是"字句以外，下述句中的宾语也具有指称性。

(15) a.（场景中）这个人是谁？
　— b.（他）是老李。
　— c. 是李明的爸爸。
　— d. ?是汉语老师。→ e. 是（一）个汉语老师。

(15a)问"这个人"的身份，(15b)专有名词"老李"，(15c)有定 NP "李明的爸爸"表示识别。(15d)"汉语老师"表示类属或特指（有定 NP），不自然，一般要使用(15e)"（一）个汉语老师"来表示身份识别。

上述句中的"（一）个 NP"，以往也都解释为属性陈述。我们认为，不论有定 NP 还是不定 NP，如果语义功能相同的话，就应当视为同一类句式。因此，我们将(15b)(15c)这类使用专有名词或有定 NP 的句式，称为"识别判断句"，而将(15e)这类使用不定 NP 的句式，称为"识别性判断句"。后者同样表示识别说明，其数量词"（一）个"为必要成分。

由于识别性判断句使用无定 NP，因此在句式结构上类似属性陈述句。但从功能看，识别性判断句一般是在知道有其物，但不知其物是什么这一前提下，对事物进行辨认，弄清它是个什么（东西），而不是表示它的类属或性状。表示识别说明时，主宾语之间需要保持个体之间的对应性，因此一般使用"（一）个 NP"形式。

针对某个对象表示识别时，需要区分到类属范畴的哪个层级是一个复杂的问题，一般会因识别对象而有所不同。根据木村英樹（2015）的观点，人、动植物、抽象事物等分属不同层级，在"人"范畴上，一般要具体到个体，但对动植物来说，可能区分到类属范畴就可以。不过，涉及宠物等个人专属动植物时，有时也需要具体到个体。

第 6 章 "S 是(一)个 NP"的结构与功能　141

(16) a. 这是什么?
　　— b. （这）是苹果。
　　— c. （这）是（一）个苹果。
　　— d.?（这）是（一）个好吃的苹果。
(17) a. 你手里拿的是什么?
　　— b. 是苹果。
　　— c. 是（一）个苹果。
　　— d.?是（一）个好吃的苹果。

　　针对眼前的物体进行识别时，(16a)的问话人可能不认识苹果。作为答句，(16b)表示类属识别，(16c)表示个体识别。两个句子都成立，但(16b)更适于面向不认识苹果的人进行说明。(16c)的"（一）个"为冗余。(16d)的"好吃"不属于"苹果"的识别属性，不自然。

　　(17a)问对方手里拿的是什么。这个问句可以有两种解读，一种是看不清是什么，另一种是看清了但不认识是什么。作为回答，(17b)(17c)都能成立，但针对看不清是什么进行回答时，(17c)的使用率更高一些。因为"一个苹果"倾向于对个体的说明。

　　我们再看以下几个例子。

(18) a. 我不由伸手到王一生书包里去掏摸，捏到一个小布包儿，拽出来一看，<u>是个旧蓝斜纹布的小口袋</u>，上面绣了一只蝙蝠……。　（阿城:棋王）

　　b. 刚才拦着他的那个大鼻子洋人，还塞给他一张印着外国人头像的票子。到皮货收购站一打听，才知道<u>那是一张拾元票面的美金</u>。　（从维熙:牵骆驼的人）

　　c. 菜地有个女自由犯，<u>是个六十多岁的跳大神的神婆</u>，也被剪去了只剩几根白发的发髻，……。　（张贤亮:男人的一半是女人）

d. 我低头一看原来是一只猫，再仔细一看，是我们全家在干校
的时候，从小养大的那只黄狸猫。 （刘心武文集）

(18a)"一个小布包儿"是呈现于眼前的实物，"旧蓝斜纹布的小口袋"说明它是什么。(18b)"一张拾元票面的美金"是对"一张印着外国人头像的票子"、(18c)"一个六十多岁的跳大神的神婆"是对"女自由犯"、(18d)"一只猫"是对低头看到的东西的识别。这些识别说明在语义上相当于前面(17c)提到的、针对看不清是什么而做出的说明。

识别句的句式功能与指别句不同，指别句的功能主要指认"是哪（一）个"，而识别句是说明"是个什么（人／东西）"。不过，指别和识别都表示有定角色、个体值或概念载体之间的一致性关系，主宾语之间相当于〈A＝B〉关系，因此都属于指称句。这类句子的宾语使用不定 NP 时，一般要使用"（一）个 NP"形式。

4. 以往研究中涉及的问题

4.1. 主观性与客观性

关于"S 是 NP"和"S 是（一）个 NP"的语义差异问题，已有很多分析。张伯江、李珍明（2002）认为"（一）个 NP"的使用属于语用现象，伴有很强的主观性色彩。使用"（一）个 NP"时，叙述者的视角和感情大致等同于故事中的人物，即第一人称的叙述，因此主要用于主观性描述或评价。相反，"是 NP"对主观和客观没有明显的偏爱，属于中性陈述。在实际运用中，"（一）个 NP"与心理或认知动词（如：觉得、认为、怀疑、相信等）、假设或推测动词、表示主观评价性的修饰语等共现的情况多一些。例如（下述(19)(20)(21)引自张伯江等 2002）：

(19) a. 要打算白天也照样赶路的话，他必须使人相信他是个"煤黑子"。

b. 老者又细细看了祥子一番，觉得<u>他绝不是一个匪类</u>。

c. 在他的眼里，<u>她是个最美的女子</u>，美在骨头里，就是她满身都长了疮，把皮肉都烂掉，在他心中她依然很美。

　　张伯江认为上述句中使用了表示心理或认知的动词，反映了说话人的主观性判断，所以使用了"（一）个"。

　　我们认为，上述"主观性陈述"可以解释为来自（或模拟）说话人的感知性陈述。(19a)表示祥子希望人们从外表上把他视为"一个煤黑子"，(19b)表示"老者细细看了一番"后、基于视觉的判断，(19c)表示"她"在他的眼里（视觉或疑似视觉）的外在特征。上述句子都属于对某个对象的感知（视觉）性描述，带有具象性，因此使用了"（一）个 NP"。

(20) a. 假若<u>虎妞是个男子</u>，当然早已成了家，有了小孩，即使<u>自己是个老鳏夫</u>，或者也就不这么孤苦伶仃的了。

　　b. 把夜里的事交给梦，白天的事交给手脚，<u>他仿佛是个能干活的死人</u>。

　　c. 假若祥子想再娶，<u>她是个理想的人</u>。

　　张伯江认为上述"（一）个"表示说话人的主观性假设或推测。

　　我们认为，表示假设或推测并不妨碍使用"是 NP"。上述句子之所以使用"（一）个"仍然表示定位或识别，(20a)(20b)表示虚拟角色，(20c)表示识别属性角色。上述句子去掉"（一）个"后仍然成立，但语义会发生变化，从识别说明转为类属说明。

　　在实际语言中，"我是一个兵（现实）"或"假如我是一个太阳（虚拟）"都表示定位，"我是一个兵"凸显作为"兵"的一员应有的职责，而"我是一个太阳"凸显"太阳"照亮周围、温暖他人这一范畴属性。去掉"（一个）"后，"我是兵"表示归属，"我是太阳"表示"我"是现实中的"（这个）太阳"，语义会发生变化。

(21) a. 你不记得我，我可记得你；你脸上那块疤是个好记号。

b. 想到这里，他抬起头来，觉得自己是个好汉子，没有可怕的，没有可虑的，只要自己好好的干，就必定成功。

c. 家里的不是个老婆，而是个吸人血的妖精。

张伯江认为上述句中的"（一）个"表示说话人的主观性评价。

我们认为，划线部分仍然表示识别，(21a)的"（一）个好记号"不是对"那块疤"的评价，而是指出其作为记号的积极意义。(21b)的"好汉子"表示定位。(21c)"老婆"加上"（一）个"后，可以引出作为"老婆"应有的范畴属性，同样，"是个吸人血的妖精"表示类比，"（一）个"可以引出类比范畴的原型（典型）属性。

张伯江等（2002）提出的主观性与"（一）个 NP"所具有的个体性、具象性等语义功能有关，有其合理的一面。但主观性和客观性缺少明确的辨认标准，而指别和识别是句式功能上的标准，更容易把握。

一般地说，识别句针对某个"身份不明"的事物来说明它是"（个）什么（人／东西）"，以便在知识域建立一个坐标。由于坐标要具体到个体，因此使用不定 NP 时，一般使用"（一）个 NP"形式。

唐翠菊（2005）认为当宾语代表旧信息时，"（一）个"的隐现是不自由的，一般采用"是 NP"格式，当宾语代表新信息时，"（一）个"的隐现则比较自由。

我们认为，这些现象与识别句在信息传递功能上是吻合的。针对某一不明物体进行识别时，"（一）个 NP"传递的是对方不知道的新信息。相反，如果是已知物体时，传递的信息就不再是识别性的，而可能是追加性、或补充性的，因而也失去了"（一）个"的必要性。

4.2. 个体属性

安井二美子（2003）认为"S 是 NP"表示对比，而"S 是（一）个 NP"表示个体属性，相当于"S 是一个具有 NP 属性的个体"。区分这两种语义时需要有相应的语境支持，如在要求对比的语境下一般会使用前者，而在要求个体属性的语境下、或伴有表示个体属性的定语时，一般会使用后者。

我们认为，"（一）个NP"表示"个体属性"，与前面提到的"一个NP"表示存在、外部属性特征、感知性陈述、以及表示指别或识别等功能有关，也与"是NP"和"是（一）个NP"的句式功能有关。

一般地说，"是NP"和"是（一）个NP"具有下述不同功能。

(22)	**是 NP**	**是（一）个 NP**
a.	不计数	计数
b.	类指性	个指性
c.	类属属性	个体属性
d.	知识性	感知性
e.	抽象性	具象性
f.	有定性	无定性

由于上述功能差异，"是NP"倾向于类属说明，而"是（一）个NP"倾向于个体属性说明。例如：

(23) a. 小李的妈妈是（一）个好母亲。　→　是好母亲
　　　b. 小李的妈妈是（一）个胖胖的女人。→　?是胖胖的女人

(23a)"好母亲"去掉"（一）个"后表示类属或类别（即"好母亲"而非"坏母亲"），加上"（一）个"后表示个体属性。在上述句中，"好母亲"不论表示类属，还是个体属性都没有明显差异，所以"（一）个"可有可无。但(23b)"胖胖的女人"不属于类属属性，而是个体属性特征。这种特征一般归属于个体，且具有某种可感知性和具象性，因此往往使用"（一）个"。

"（一）个NP"也是通过NP的类属范畴这一角度来说明属性特征的。我们根据常识知道，同一类属的不同成员之间会出现差异，因此对属性描述得越细致，越会使该属性成为某一个体的特有属性。例如，下述"（一）个 NP"的使用与陈述的细密度成正比，描述得越细致，使用"（一）个"的概率越高。

(24) a. 老张是（一）个农民。　　　　　　　　 → 是 NP

　　　 b. 老张是（一）个勤劳的农民。　　　　　 → 是 NP

　　　 c. 老张是（一）个天不亮就下地的农民。 → ?是 NP

　　　 d. 老张是（一）个身材高大的农民。　　　 → ??是 NP

　　　 e. 老张是（一）个天不亮就下地、身材高大的农民。 → *是 NP

(24a)(24b)表示类属或子类范畴属性，可以不用"（一）个"。(24c)倾向于个体属性，一般使用"（一）个"。(24d)表示外在属性特征，属于个体属性，也需要"（一）个"。(24e)提高了陈述细密度，基本成为个体的特有属性，"（一）个"也成为必不可少的成分。

下述划线部分也属于个体特有属性，需要"（一）个"。

(25) a. 一会儿，"哑巴"的老婆来了。<u>这是个内蒙古的大脚女人</u>，一张焦黄的扁脸；在这都穿绿军装的时候，独有她还穿着老式的大襟衣裳。　（张贤亮：男人的一半是女人）

　　　 b. 当时，多少人家群渴望着和单家攀亲，尽管风传着单扁郎早就染上了麻风病。<u>单廷秀是个干干巴巴的小老头</u>，脑后翘着一支枯干的小辫子。　（莫言：红高粱）

　　　 c. 和我曾经认识的谢队长相似，<u>这个干瘦的劳改干部其实是个心地善良、爱说爱笑的好人</u>。从小和高原上的黄土打交道的人，心地很自然地和黄土一样单纯。　（张贤亮：男人的一半是女人）

划线部分"内蒙古的大脚女人、干干巴巴的小老头、心地善良、爱说爱笑的好人"等都属于个体特有属性，可以通过这些属性特征来对某些个体进行识别、或区分。这种属性特征与前面提到的识别属性类似，可以视为一种广义的识别说明。这类句中的"（一）个"尽管不再具有计数功能，仍属于必要成分。

4.3. 原型属性

大河内康宪（1985）提出了下述例句的解释问题。他认为，与下述(26a)相比，(26b)和(26c)倾向于采用"（一）个NP"的形式。

(26) a. 他做什么？ — 他是学生。

　　 b. 他是一个学生，还很穷。

　　 c. 他是一个学生，你不能叫去干活。

我们认为，(26a)"做什么？"问身份，作为回答，"他是学生"表示身份（类属），(26b)(26c)表示个体属性。"（一）个学生"伴有"他"是"学生"中的一员，具有该类属范畴的原型属性，并从这一角度来论证"他"作为学生与"很穷"或"不该干活"之间的逻辑关系。

这种语义功能与"（一）个NP"的类属范畴义有关。按照认知语法的观点，"（一）个NP"在一般语境下会解读为该类属的一个典型成员。因此，"他是一个学生"也会解读为"他"作为"学生"的一个典型成员，具有该类属的原型属性。"学生"这一范畴具有多种属性，包括年龄、身份、收入、以及是否从事体力劳动等。这些属性作为百科常识储存在说话人意识中，并根据不同的使用场景而提取与该场景相关的某些属性。(26b)(26c)也是从这个角度来论证"学生"这一范畴属性与"穷"或"干活"之间的逻辑关系的。这里的"（一）个NP"在语义上，也属于广义的识别性说明。

下述句中的"（一）个NP"也具有类似的功能。

(27) a. 康伟业的抱怨无处着落，只能自己消化。谁让他是男人呢？好在康伟业经常意识到自己是一个男人，他以此勉励自己：好男儿死都不怕，还怕一点破家务事？（池莉：来来往往）

b. 时间不长，康伟业很快又找了一个女人，名叫时雨蓬。或者准确地说，是一个女孩子，因为时雨蓬才二十岁。（池莉：来来往往）

c. 老家如同一个大尾巴，时不时要掀开让人看看羞处，让人不忘记你仍是一个农村人。（刘震云：一地鸡毛）

（27a）"他是男人"表示归属，后续"自己是一个男人"引出"好男儿死都不怕，还怕一点破家务事"等男人应有的原型属性。（27b）"一个女孩子"提取了"女孩子"中的典型属性"年轻"。（27c）表示感到"羞处"是源于"农村人"这一范畴属性。这些句中的"（一）个"一般也不能缺省。

唐翠菊（2005）提到的、使用"（一）个"来表示旧信息的某些例子也属于类似的用法。

(28) a. 什么上辈子，谁有上辈子？亏你还是个大夫，一点儿也不唯物。（例句引自唐翠菊2005）

b. 老吴啊，你真是个书呆子。（例句引自唐翠菊2005）

c. 查水表的是个瘸子，每月来查一次水表，…… 他说他年轻时曾给某位死去大领导喂过马。小林初次听他讲，还有些兴趣……，但后来听得多了，心里就不耐烦，你年轻时喂过马，现在不照样是个查水表的？大领导已经死了，还说他干什么？（刘震云：一地鸡毛）

（28a）"（一）个大夫"是为了引出"大夫"应有的"唯物"素质。（28b）表示"你"是典型的"书呆子"。（28c）"是个查水表的"不表示职业，而是表示"查水表"这一职业的低微属性。上述句子去掉了"（一）个"在句法上依然成立，但语义会发生变化。

除了上述用法以外，表示比喻时，为了引出类比事物的原型属性，也会使用"（一）个"。

(29) a. 当我再次直起腰，把另一捆杂草抛到田边，我突然觉得我高大了，<u>似乎是一个悲剧式的英雄</u>。（张贤亮：男人的一半是女人）

　　 b. 康伟业与时雨蓬商量说："以后我不能陪你逛商店了，原因我也坦率告诉你，因为我的<u>太太是一个大醋罐子</u>，我怕她找你的麻烦。"（池莉：来来往往）

　　 c. 我不同意你这把我当天才的观点。其实<u>我就是一个鸡蛋</u>，要没你们这帮人的热乎劲儿，我的小鸡也孵不出来。（王朔文集）

上述句中使用"（一）个 NP"是为了提取类比对象的原型属性。同样，下述"作为（一）个 NP"也是为了引出该类属的原型属性。

(30)　a. 马林生有些失望，<u>但作为一个书店营业员</u>他又不能拒绝出售任何东西，只能趁势建议："这还有几本这个人写的其他书，您不想看看么？"（王朔文集）

　　 b. 他掏出自己的干净手绢捂住儿子头上的伤口,这就是他<u>作为一个父亲</u>对受了无辜伤害的儿子所能给予的全部。（王朔文集）

　　 c. 他从不和她争论,尽管他对她已不存在<u>作为一个丈夫</u>必须受点气的义务和职业道德。（王朔文集）

(30a)表示他作为"一个书店营业员"的职责是"不能拒绝出售任何

东西"。(30b)"一个父亲"引出所有"父亲"都具有的原型属性,去掉"一个"则变为"他的父亲"。同样,(30c)的"一个"也表示所有"丈夫"应有的原型属性,它与"必须受点气的义务和职业道德"之间具有逻辑联系,去掉"一个"则表示"她的丈夫",后者与"必须受点气的义务和职业道德"之间会失去这种逻辑上的联系。

5. 小结

综上所述,"是 NP"和"是(一)个 NP"具有不同的句式语义和功能,不仅仅是主客观、或新旧信息等方面的差异。我们认为"S 是(一)个 NP"具有以下语义功能。

(31) a. 表示存在或领有:前面是(一)条河。
　　 b. 表示指别性说明:高洋旁边不是卓越而是一个陌生人。
　　 c. 表示识别性说明:电话里是一个女人。
　　 d. 表示外在属性特征:他是(一)个又高又瘦的老人。
　　 e. 表示个体特有属性:这个劳改干部其实是个心地善良、爱说
　　　　　　　　　　　　　　爱笑的好人。
　　 f. 表示原型属性:你照样是个查水表的。
　　 g. 表示类比范畴属性:我的太太是一个大醋罐子。
　　 h. 表示属性:李明是（一个）大学生。

上述(31a)表示"存在或领有"的"(一)个"具有计数功能,属于语义上的必要成分。其他的"(一)个 NP"虽然不用于计数,但仍保留了个体性、具象性、感知性等源于数量词的语义功能,凸显说明对象的外在属性、个体特有属性、以及原型属性等。

另外,"(一)个 NP"除了表示属性陈述外,还用于表示指别或识别等指称判断,这类句中的"(一)个"也属于必要成分。

第 6 章 "S 是(一)个 NP"的结构与功能　151

由于"是(一)个 NP"是从属性角度进行说明的，因此，很多先行研究认为，"(一)个 NP"相当于无指，只用于属性陈述。但我们认为，名词的功能首先是指称，其次才是陈述。同样，"(一)个 NP"的功能首先也是指称，其次才是陈述。指称和陈述是相对的，表示指称时会带来相应的属性，而表示陈述时也会界定其外延范畴，二者之间属于相辅相成的关系。

我们认为，上述(31a)(31b)(31c)的"(一)个 NP"属于指称用法，"(一)个"为必要成分；(31d)(31e)(31f)(31g)的"(一)个"虽然不是句法上的必要成分，但使用与否会带来语义变化。由于这类"(一)个 NP"继承、或扩展了指称性功能，用于表示个体化、具象化或个体特有属性等，带来一种识别性、或区分性说明的语义效应。去掉"(一)个"后，句子语义上会发生变化，甚至变得不自然。

由于语言的随意性，实际语言中会出现大量使用"(一)个"的情况，其中不少"(一)个"属于语义上的冗余。但从句式的基本功能看，"是 NP"和"是(一)个 NP"属于两类不同句式，后者的"(一)个"并非一个任意取舍的成分。

注释

1) 本章内容曾发表在王亚新 2023〈汉语"S 是(一)个 NP"的语义结构与功能〉（『東洋大学人間科学総合研究所紀要』第 25 号）论文上，成书时进行了多处修改。

2) 表示识别性判断时会使用"一个 NP"形式，但很少使用对比句式。同时，在语义功能上也有别于这里提到的属性陈述。

3) 这里提到的"知识"包括百科知识，也包括个人体验或记忆等。

第7章

"是"字句与主谓谓语句

1. 主谓谓语句

汉语的"主谓谓语句"是使用范围广、语义功能泛化的一类句式。这类句式的出现与汉语属于"主题优势语言（topic-prominent language）"有关。日语同样属于主题优势语言，也大量使用主谓谓语句（主述述语文）。由于日语有「は／が」等助词标记，因此在区分主题与主语方面拥有更多的语法手段。我们这里借鉴日语同类句式的部分研究成果，对汉语主谓谓语句中的"是"字结构部分做一些探讨。

刘月华等（1983）将主谓谓语句分为以下三类。

（1）小主语是大主语的所属部分
   a. 他头疼，嗓子还有点儿红。
   b. 金沙江水急浪大。
   c. 他学习努力，工作积极。
（2）大主语对谓语隐含着"对于、关于"的意思。
   a. 管理工作，我是个外行。
   b. 这些事，领导上必会有个安排。
   c. 什么事她都走在前面。

（3）小主语和大主语之间存在着意念上的施受关系。

    a. 这本书我看过了。

    b. 这件事谁都不知道。

    c. 我买的那张画人人都喜欢。

上述句中的大主语与大谓语之间构成"题述"关系，大主语相当于"主题"或"话题"，大谓语相当于"述题"或"说明"。大谓语是由小主语（或侧面语）和谓词构成的主谓结构。

主谓谓语句的大谓语部分采用"是"字结构时，在功能上与"是"字句基本相同，表示陈述和指称。例如：

（4）a. 班里的同学，大部分是南方人。

    b. 学习外语，关键是多记单词。

    c. 今天的会议，主持人是老李。

    d. 这方面，我是个外行。

限于篇幅，本章不对汉语的主谓谓语句做系统分析，仅就其中"是"字结构部分做一些探讨，重点分析以下几类句式。

（5）a. 大象（是）鼻子长。

    b. 姜是老的辣。

    c.《骆驼祥子》，作者是老舍。

    d.（饭后）我是咖啡，他是红茶。

2. 大象鼻子长

2.1."大象鼻子长"与"鼻子大象长"

主谓谓语句的典型句式是由形容词构成的。例如：

154

(6) a. 大象鼻子长。

　　b. 我身体不舒服。

　　c. 小李英语不错。

(6a)大主语"大象"提示一个属性主体，"鼻子长"作为主谓短语来表示"大象"的属性特征。从题述关系看，"大象"作为属性主体升为话题，"鼻子长"表示说明。"鼻子"作为小主语、或侧面语来提示说明角度。上述句子表示属性陈述，也可以在某些语境下表示指称（指别）。

(7) a. 什么动物鼻子长？

　　— b. <u>大象</u>鼻子长。　（主语指称）

(8) a. 大象什么（地方）长？

　　— b. 大象<u>鼻子</u>长。　（小主语指称）

(7b)大主语表示指称，(8b)小主语表示指称。表示指称时可以插入"是"来凸显焦点，也可以省略已知信息，只保留信息焦点部分。例如：

(9) a. （是）什么动物鼻子长？

　　— b. （是）<u>大象</u>鼻子长。　→　c. 是大象。

(10) a. 大象（是）什么（地方）长？

　　— b. （大象）是<u>鼻子</u>长。　→　c. 是鼻子。

如果涉及"大象有什么特征？"这类命题时，也可以说"（大象）是鼻子长"。说明焦点指向"鼻子长"，表示与其他属性的区分，相当于对属性类型的指称用法。这类句中的"是"仍是动词，可以用于否定式。

(11) a. 大象是<u>鼻子长</u>，不是<u>尾巴长</u>。

　　b. 小李不是<u>学习好</u>，是<u>体育好</u>。

第 7 章 "是"字句与主谓谓语句 155

从上述例子可以看出，主谓谓语句中的"是"字结构可以表示陈述，也可以表示指称。表示陈述时，大主语可以是类指，也可以是个指。表示指称（指别）时，可以针对大主语和小主语，也可以针对"鼻子长"这一主谓短语部分。

主谓谓语句表示指称判断时，可以将小主语（侧面语）提升到句首，构成一个变体句式。

(12) a. 鼻子(是)什么动物长？
　— b. 鼻子(是)大象长。→　c. 是大象长。
(13) a. *这个鼻子(是)什么动物长？
　— b. *它（/*这个）是大象长。

(12a)"鼻子"不指称实体，而是针对〈X 鼻子长〉这一判断命题，构建了一个题述句式"鼻子 X 长"来求证 X 的值。这个"鼻子"作为"话题（命题）提示语"来提示话题范围，既不接受指示词的修饰，也不能在后续句中回指。

前面(10a)的"大象"也相当于话题提示语，但这类句式保持了"大象鼻子长"这一原型句式结构，"大象"成为话题的同时，仍可以作为属性主体来表示类指或个指，也可以接受修饰语，且可以回指。

(14) a. 这只（/类/群）大象(是)什么地方长。
　— b. 这只（/类/群）大象(是)鼻子长。
　— c. 它（们）(是)鼻子长。

(14)的"大象"由于是属性主体，因此对"鼻子"表示指称的同时，可以间接地对"大象"表示属性陈述，而(12)只能表示指称说明。

根据这种语义结构，我们可以将主谓谓语句的大主语分为两类，一类是属性主体，另一类是话题提示语。前者属于主谓谓语句的原型句式，后者属于变体句式。这两类句式在表示〈话题-说明〉这一题述关系上功能相同，但内部语义结构不同。变体句式也是引发主谓谓语句形成多种衍生句式的原因之一。

2.2. 话题提示语

提示命题（话题）时，可以使用名词短语来作为话题提示语，也可以使用"说到、关于、提到、至于"等介词短语，还可以后缀"呢、呀、啊"等语气词。"大象"等属性主体用于话题时也可以采用这种形式。

(15) a. 说到大象呢，是鼻子长。
　　　 b. 说到大象（是）什么长呢，是鼻子（长）。
(16) a. 说到鼻子呢，是大象长。
　　　 b. 说到鼻子是什么动物长呢，是大象（长）。

(15)"大象"和(16)"鼻子"在提示话题上基本功能一致。从语义看，(15a)"（是）鼻子长"和(16a)"（是）大象长"都不再是完整的主谓短语，需要在"大象"或"鼻子"提示的话题框架下来实现语义整合。

句首为话题提示语的主谓谓语句可以衍生出多种变体句式，这些句式可以用于指称，也可以用于陈述。

(17) a. 打铁呢，我是内行。
　　　 b. 晃旗这小子，他爹我认识。
　　　 c. 这个味儿，肯定是煤气漏了。
　　　 d. 有的人，他活着别人就不能活。
　　　 e. 两口子吵架，原因主要是为了孩子。
　　　 f. 家里所有的事，还是妈妈说了算。

上述句首成分不是属性主体，而是话题提示语，大主语与大谓语之间仅限于题述关系。如果以这一语义关系为标准的话，下述句子也都可以归入主谓谓语句。

(18) a. 这些日子，身体一直不太好。
　　 b. 这个地方，冬天雪特别多。
　　 c. 这个学校，他们在讲演比赛上得了第一名。
　　 d. 想办成这件事，咱们公司还得靠老张。

上述句式是否属于主谓谓语句会有争议，这也是主谓谓语句的句式范围难以确定的原因之一。

我们认为，主谓谓语句的大主语为属性主体时，相当于句法主语，句法主语不仅可以升为话题，也可以置换为疑问词而构成疑问句，这类句式属于原型句式。而句首成分仅为话题提示语的相当于变体句式，其句首部分相当于一个广义的状语小句。这两类句式不论在句式结构上，还是在语义功能上都有差异，有必要加以区分。

2.3. 主谓谓语句的句式类型

王亚新（2003）从结构和功能角度将主谓谓语句做了如下分类[1]。

(19) 主谓谓语句的句式类型

	陈述句	指称句
原型句式	大象鼻子长。　　　　（性质） 我身体不舒服。　　　（状态）	大象(是)鼻子长。　　（侧面） (是)大象鼻子长。　　（主体） 大象是鼻子长。　　　（属性）
变体句式	这本小说，我看完了。　（有格） 这个味儿，是煤气漏了。（无格）	鼻子是大象长　　　　（有格） 我是咖啡，他是红茶。（无格）

上述句式分别表示以下语义关系。

(20) **原型句式**（典型主谓谓语句）

    Ⅰ.陈述句

      a.表示性质：大象鼻子长。

      b.表示状态：我身体不舒服。

    Ⅱ.指称句

      a.侧面语指称：大象（是）鼻子长。

      b.主体指称：（是）大象鼻子长。

      c.属性指称：大象是鼻子长，不是尾巴长。

(21) **变体句式**（非典型主谓谓语句）

    Ⅲ.陈述句

      a.句首为侧面语或动词论元等格成分：这本小说，我看完了。

      b.句首为非格成分：这场火，幸亏消防队来得快。

    Ⅳ.指称句

      a.句首为侧面语或动词论元等格成分：鼻子是大象长。

      b.句首为非格成分：饭后，我是咖啡，他是红茶。

上述分类反映了几类常见句式。在实际语言中，受语境和语用意图的影响，实际上会演化出更多的变体句式。

上述句式都可以使用"是"字结构。例如：

(22) Ⅰ类，表示陈述

    a.老李祖籍是山西。

    b.他儿子是大学生，女儿还是中学生。

    c.这些香蕉，产地都是南方。

(23) Ⅱ类，表示指称

    a.（是）大象鼻子长。   （大主语指称）

    b.美国，现在谁是总统？   （小主语指称）

    c.这本小说，作者是谁？   （宾语指称）

(24) Ⅲ类，表示陈述

　　a. 考试成绩，小李是第三名。（句首为侧面语或格成分）

　　b. 这个味儿，肯定是煤气漏了。　　（句首为非格成分）

　　c. 今天的会，我是来旁听的。

(25) Ⅳ类，表示指称

　　a. 鼻子是大象长。　　　　　（句首为侧面语或格成分）

　　b. 今天这件事，都是我不好。　　（句首为非格成分）

　　c. 饭后，我是咖啡，他是红茶。

(22)(23)原型句式中的"是"仍为动词，能用于否定式。但(24)(25)变体句式中的"是"是否为动词会有争议。其中有些"是"不能缺省，且可以用于否定式，但也有些"是"可以省略，且很少使用否定式。

　　由于变体句式的语义结构比较松散，也因此会衍生出结构更为松散的多种变体句式。例如：

(26) 表示陈述

　　a. 李奶奶呀，话是真多。

　　b. 你的话，我只听懂了一半儿。

　　c. 以后呢，咱们谁也别理谁。

　　d. 老张这会儿是坐也不是，站也不是。

　　e. 平时下班儿，他比谁跑得都快。

　　f. 你结婚这事儿，我跟你妈是商量过好几次了。

(27) 表示指称

　　a. 他在大学是学英语的。

　　b. 在公司里，老李才是主事儿的。

　　c. 你们谁听说这件事儿了？

　　d. 这件事上，是我说了算还是你说了算？

　　e. 上次旅游，你们都去什么地方了？

160

上述(26)(27)的句首成分基本为话题提示语,有些话题提示语相当于广义的状语成分,在句式分类上是否属于主谓谓句也会引发争议。

在已往一些研究中,表示焦点的"是"常常被解释为表示"强调"。我们认为"是"本身并不表示强调,而是表示提示或指别。这种功能与"是"字结构表示的指称功能有关,也与"是"源于古汉语的指示词有关。所谓强调实际上与"是"所在句式的语义功能有关,包括有些由"是"字构成的副词性短语,如"就是、只是、还是、正是……"等也不表示强调,同样是表示提示或指称(指别)。

3. 姜是老的辣

3.1. "姜是老的辣"的句式结构

(28) a. 姜是老的辣。
　　 b. 月是故乡圆。
　　 c. 人口是印度多。

上述句式从语义功能看,相当于前面提到的(21)Ⅳ类变体句式。大主语提示话题域,小主语"老的、故乡、印度"是与话题域有关的个体,"是"表示指称,提示信息焦点。

上述句式的形成与其深层语义结构有关,相当于下述"定语＋的＋中心词(类属名词)＋形容词"的中心词提升到句首后构成的变体句式。

(29) a. (是)什么样的姜辣?　→　b. 姜是什么样的(姜)辣?
　　 ── c. (是)老的姜辣。　→　d. 姜是老的辣。
(30) a. 姜不是老的辣。　→　b. *姜是老的不辣。

(29a)(29c)为原型句式,(29b)(29d)将"老的姜"中的"姜"提升

第 7 章 "是"字句与主谓谓语句 161

到句首作为话题提示语，使用"是"指称"老的"。这类句式的前提命题是〈什么样的姜辣〉。其中"姜"和"辣"为已知信息，因此否定时只能否定"老的"，不能否定"姜"或"辣"。如(30a)只能说"不是老的辣"，不能说"老的不辣"。

上述语义关系也适用于形容词句、或动词句。

(31) a. 北京的气候，(是)秋天最好。
    b. 旅行，我(是)去上海，不是去北京。
    c. 做生意，老赵不是靠财力，而是凭关系。

上述句中的"是"相当于焦点标记，用于肯定式时可以省略，但用于否定式时一般要使用"不是～"形式。

3.2. 表示指称的"是"

(32) a. 我们公司，<u>她是经理</u>。
    b. 音乐方面，<u>我是外行</u>。
    c. 今天的会，<u>老李是主持人</u>。

上述划线部分在一般语境中表示属性，但在特定语境下也可以表示指称 [2]。使用原型句式表示指称时，可以通过语境或语调重音来实现，也可以通过主宾语换位来实现。例如：

(33) a. 我们公司，<u>经理是她</u>。
    b. 音乐方面，<u>外行是我</u>。
    c. 今天的会议，<u>主持人是老李</u>。

除了"是"字句以外，形容词句也可以构成类似的变体句式。如"小

162

李数学好"可以构成下述指称句。

(34) a.（是）谁数学好？（主语指称）→ b. 数学是谁好？（变体）
　　— c.（是）小李数学好。→ d. 数学是小李好。（变体）
(35) a. 小李（是）什么好？（侧面指称）
　　— b. 小李（是）数学好。

(34)表示主语指称，(35)表示侧面语指称。(34a)的侧面语提升到句首成为话题提示语，构成(34b)(34d)这两个变体句式。

同样，动词句，如"老张看这本书"也可以构成类似的句式。

(36) a. 谁看这本书？（主语指称）→ b. 这本书是谁看？（变体）
　　— c. 老张看这本书。→ d. 这本书是老张看。（变体）
(37) a. 老张看什么书呢？（宾语指称）
　　— b. 老张是看这本书呢。

(36a)是主语指称，可以构成(36b)(36d)这种变体句式。(37a)是受事指称。(37b)的"是"可以跨越动词而使受事成为焦点。除了施事、受事之外，时间、场所、方式（工具等）等成分也能用于指称句。

(38) a. 他出差是明天（走）。　　（时间）
　　 b. 我午饭是在食堂（吃）。　（场所）
　　 c. 我上班是开车（去）。　　（方式）
(39) a. 出差，他是明天（走）。　　（时间）
　　 b. 午饭，我是在食堂（吃）。（场所）
　　 c. 上班，我是开车（去）。　（方式）

表示指称说明时，也可以按照"姜是老的辣"的变换方式，将定中结构的中心词提升到句首。提升到句首后，类属名词作为话题提示语提示一个泛指的类属范畴，宾语作为该类属的个体或子类而成为说明焦点。

(40) a. 老张看这本书。→ 书，老张（是）看这本。
     b. 他戴红的领带。→ 领带，他（是）带戴红的。
     c. 我爱看科幻小说。→ 小说，我爱看科幻的。
     d. 她吃荔枝这种水果。→ 水果，她（是）吃荔枝。

上述句式中，有些句式可以与"是……的"句形成一种互补句式，"是"用于未然事件，"是……的"用于已然事件。

(41) 主谓谓语句变体句式
     a. 领带，我是戴红的。
     b. 去上海，他是明天走，我是后天走。
     c. 上班，我是开车去，她是坐车去。
     d. 午饭是在食堂吃，晚饭是在家吃。
(42) "是……的"句
     a. 领带，我是戴的红的。
     b. 去上海，他是前天走的，我是昨天走的。
     c. 上班，我是开车去的，她是坐车去的。
     d. 午饭是在食堂吃的，晚饭是在家吃的。

上述两类句子都属于变体句式。这类句式的形成与其自身语义结构有关，也与语境和语用意图有关。从语义上看，表示上述指称说明的形容词句、或动词句都不再单纯地表示性状或行为，而是表示〈话题-指称说明〉这种题述关系。因此这些形容词、或动词有时可以省略、或使用"是"来替代。这类句式相当于将形容词句、或动词句表述的语义关系放到"是"字句这一句式平台上来进行梳理，也属于一种衍生句式。

3.3. 姜是老的辣

我们回到"姜是老的辣"的分析上。这类句式的功能是在某一话题下，针对某个对象进行指称说明。它的原型句式表示下述语义关系。

(43) a. 老的姜最辣。

b. 故乡的月亮最圆。

c. 印度的人口最多。

"姜是老的辣"是将上述句式，按照〈话题-指称说明〉进行重组，把"老的姜"这一定中结构的中心词"姜"提升到句式，将"老的"作为"姜"这一类属中的成员来反映〈姜是 X（的）辣〉这一语义关系。

从功能上看，上述(43)各句表示陈述，"姜是老的辣"表示指称。后者相当于为了表示指称说明，而将(43)这类句式重组后构成的句式变体。

从语义上看，"姜是老的辣"也发生了变化。大主语"姜"提示一个泛指的类属范畴，相当于"所有的姜"，"老的"提示个体或子类，整个句子表示"在所有的姜里，老的（姜）最辣"这一语义关系，通常用来表示某个普遍性或规律性事理，常用于格言、谚语中。类似句子还有：

(44) a. 庄稼是人家的好，孩子是自己的亲。

b. 水是家乡美，月是故乡圆。

c. 风景（是）桂林独好。

上述句中，大主语提示类属范畴，"是 NP"指向该类属中的个体或子类，表示在这一类属中，NP 为典型或代表性成员。下述句子也如此。

(45) a. 绿茶是龙井茶好喝。

b. 山是珠穆朗玛峰最高。

c. 菜是四川菜最辣。

第 7 章 "是"字句与主谓谓语句 **165**

虽然在短语层面不会出现"龙井茶的绿茶"、"珠穆朗玛峰的山"或"四川菜的菜",但从逻辑语义看,"龙井茶、珠穆朗玛峰、四川菜"分别属于"绿茶、山、菜"等范畴,因此作为类属与成员之间的关系,仍然可以用于上述句式。

上述句中"是"相当于焦点标记,在实际语言中可以省略,也可以借助语调重音、或语境等来表示。有时,也可以使用"数、由、靠、算"等动词来替代。例如:

(46) a. 西红柿,(是)红的好吃。

b. 土地价格,(是)东京最贵。

c. 炼钢工人(是)男的多,纺织工人(是)女的多。

(47) a. 教学经验,<u>数</u>他丰富。

b. 这件事,<u>靠</u>你解决。

c. 谁是谁非,<u>由</u>他判断。

4. 《骆驼祥子》,作者是老舍

在日语中,下述句式一直受到关注。

(48) a. カキ料理は、広島が本場だ。 / 牡蛎菜,广岛是发源地。

b. この病院は、太郎が院長だ。 / 这个医院,太郎是院长。

c. 源氏物語は、紫式部が著者だ。 / 源氏物语,紫式部是作者。

上述句式被称为「カキ料理構文」,是日语中常见的主谓谓语句。这类句式有些可以直接译成汉语,但多数不能直译、或直译后语义有变化。下面,我们通过与日语的对比,来观察一下汉语同类句式的结构特征。

对于上述日语句式,已有野田尚史(1996)、坂原茂(1990)、西山佑司(2003)等代表性研究。野田尚史认为「カキ料理は、広島が本場

だ（牡蛎菜、广岛是发源地）」是由「広島がカキ料理の本場だ（广岛是牡蛎菜的发源地）」中的「カキ料理（牡蛎菜）」经过「主题化」提升到句首而形成的句式。即：

(49) a. 広島がカキ料理の本場だ。　（YがXのZだ）
　　　　　　　主題化
　　　→ b. カキ料理は、広島が本場だ。（Xは、YがZだ）

野田尚史认为在「カキ料理の本場だ」这一结构中，Z（本场）的功能是提示X（カキ料理）的"重要侧面"，用于Z的主要有以下名词：

(50) 1）表示〈特征〉类：特徴、特色、特技……等
　　 2）表示〈中心〉类：中心、主流、代表、標準……等
　　 3）表示〈原因〉类：原因、発端、動機……等
　　 4）表示〈目的〉类：目的、目標……等
　　 5）表示〈基础〉类：基盤、前提、条件、根拠……等
　　 6）表示〈限度〉类：限度、上限、最初、最後……等

对此，西山佑司（2003）持批评立场。他认为"重要侧面"不是语义上可以界定的标准，而且也无法根据"重要"与否来确定哪些词可以用于这类句式中的Z。例如：

(51) a. 紫式部が源氏物語の作者だ。/紫式部是源氏物语的作者。
　　 b. 源氏物語は、紫式部が作者だ。/源氏物语、紫式部是作者。
(52) a. 紫式部が平安時代の作家だ。/紫式部是平安时代的作家。
　　 b. *平安時代は、紫式部が作家だ。/平安时代、紫式部是作家。

西山佑司认为，上述句中的「作家」和「作者」很难说哪个更重要，

第 7 章 "是"字句与主谓谓语句　167

但(51b)成立，(52b)不成立。为此，他提出了"饱和名词"和"非饱和名词"这一对概念。认为(51b)成立是因为「作者」是非饱和名词，而(52b)不成立是因为「作家」是饱和名词的缘故。

　　所谓"饱和名词"是指语义自足的名词，可以单独确立其外延。而"非饱和名词"指语义不能自足的名词，无法单独确立其外延。后者只有获得某一参数（parameter）后才能补足语义。如(52)「作家」是语义自足的饱和名词，可以单独确立外延，因此可以说「彼女は作家だ（她是作家）」，但(51)「作者」是非饱和名词，因此「彼女は作者だ（她是作者）」不成立，只有加上"作品"等参数后才能充足语义。

　　西山佑司认为，「Y が X の Z だ（紫式部が源氏物語の作者だ）」这类句式，只有谓语「X の Z（源氏物語の作者）」的 Z 为非饱和名词，且 X 为其参数时才能置换为「X は、Y が Z だ」（源氏物語は、紫式部が作者だ）。他列举的非饱和名词主要有以下名词：

(53)　a. 角色类：優秀者、敗者、委員長、司会者、創立者……
　　　 b. 职务类：社長、部長、課長、（副）院長、社員……
　　　 c. 关系类：恋人、友達、先輩、後輩……
　　　 d. 亲属类：妹、母、叔父、息子……
　　　 e. 其他类：原因、結果、敵、癖、趣味、犯人……

　　与日语的非饱和名词类似，袁毓林（1994）就汉语名词提出了"一价名词"（mono-valent noun）概念。所谓"一价名词"是指这类名词通常对其他名词具有一种语义依赖关系。

(54)　NPa（P）NPb　 或：　NPa → NPb

　　该公式的意思是，当一价名词NPa在句中出现时，通常要求在语义上跟它有P关系的配价名词NPb共现，或者说一价名词在句法和语义上对配价名词具有依存关系（dependency）。

袁毓林的一价名词主要有以下三类。

(55) a.爸爸、妻子、母亲、爱人等 （亲属名词，kinship noun）
　　　b.弹性、脾气、性格、记性等 （属性名词，property noun）
　　　c.胳膊、尾巴、眼睛、胸前等 （部件名词，partitive noun）

上述一价名词在确立其语义外延时依赖某个参数（配价名词）。

袁毓林的"一价名词"和西山佑司的"非饱和名词"虽有重合，但不完全一致。这也意味着，名词是否为"非饱和名词"或"一价名词"是一个相对性分类，缺少明确的分类标准。而且，按照西山佑司的观点，不同语言之间也会出现差异。同时，西山佑司也承认非饱和名词只是这类句子成立的必要条件，而不是充分条件，并非只要是非饱和名词就能成立，还需要其他语义条件。

王亚新（2011，2015）认为，Z表示X的某个属性侧面，在这类句式中表现为有定NP，具有排他性。用于Z的名词（多数为非饱和名词或一价名词）不论是在语义还是在语用上，只有获得"唯一性"才能用于Z。因此，「YがZだ／Y是Z」的Y和Z之间应当具有〈A＝B〉这种对应关系。另外，Z应该是已知的、或以X为锚定物的有定NP。

(56) a.太郎がこの病院の医者だ。 ／ 太郎是这个医院的医生。
　　　b.?この病院は太郎が医者だ。 ／?这个医院，太郎是医生。
(57) a.紫式部が平安時代の作家だ。 ／ 紫式部是平安时代的作家。
　　　b.?平安時代は紫式部が作家だ。 ／?平安时代，紫式部是作家。

(56a)「医者」和（57a）「作家」为类属名词（饱和名词），表示述谓关系。而(56b)(57b)的Z在语义上相当于「XのNP（X的NP）」，应当是以X为锚定物、或作为X的附属物而成为有定的个指NP，这个位置上不能直接使用「医者」或「作家」等类属名词。因此，这种现象的背后不仅仅是 Z 是否为非饱和名词的问题，而是 Z 这个句法位置上的NP的语义功能问题。

汉语由于没有「は／が」等助词标记，所以在语序上与日语对应的不是"X，Y是Z（这个医院，太郎是院长）"，而是"X，Z是Y（这个医院，院长是太郎）"。同时，其原型句式也不是"Y是X的Z（太郎是这个医院的院长）"，而是"X的Z是Y（这个医院的院长是太郎）"，因此从句式语义看，汉语与日语之间并不完全对应。

(58) a. 这个医院的院长是太郎。
　　 b. 这个医院，太郎是院长。
　　 c. 这个医院，院长是太郎。
(59) a. ?这个医院的科长是太郎。
　　 b. ?这个医院，太郎是科长。
　　 c. ?这个医院，科长是太郎。

(58)"院长"为非饱和名词，在医院这一范围内具有唯一性，而(59)"科长"也属于非饱和名词，但一般语境下解读为复数，在语义上不对应。另一方面，(58b)"院长"虽然具有唯一性，但不一定是有定个指NP。因此，(58b)"太郎是院长"仍会有两种解读，既可以表示"太郎"具有"院长"这一属性，也可以表示"太郎"是这个"院长"。前者表示述谓关系，后者表示指别说明。

在汉语里，要使"院长"成为有定个指NP时，一般要使用(58c)这种句式。在这个句式中，"院长"作为"这个医院"的附属物而成为有定NP，并在句法上作为次主题来表示有定角色。(59c)"科长"由于是复数概念，在语义上无法成为有定个指NP，所以不成立。

坂原茂（1990）根据 Fauconnier（1985）的心理空间理论，将这类句式语义做了如下分析。

（60）「源氏物語」の著者は、紫式部だ。

     α の R は、 v だ。

（《源氏物语》的作者是紫式部。）

「源氏物語」表示变域（α），「著者」表示角色（R），「紫式部」表示值（v）。其中，角色的外延由变域（α）来确定，角色（R）相当于一个有定函数，而「紫式部」是该函数的值（v）。上述句式的语义功能是：在 α 这一变域下，求证 R 与 v 之间的一致关系。

根据坂原茂的观点，在日语里，这一语义关系可以构成下述四个句式变体。

（61） a. α の R は，v だ。（源氏物語の著者は、紫式部だ）

    / 源氏物语的作者是紫式部。

   b. α は，R は v だ。（源氏物語は、著者は紫式部だ）

    / 源氏物语，作者是紫式部。

   c. v が，α の R だ。（紫式部が、源氏物語の著者だ）

    / 紫式部是源氏物语的作者。

   d. α は，v が R だ。（源氏物語は、紫式部が著者だ）

    / 源氏物语，紫式部是作者。

汉语在句法上也可以构建上述四种结构，但由于缺少「は／が」等助词，并且受到汉语句式结构约束，与日语之间并不完全对应，有时要通过语境来辨认。

（62） a.《骆驼祥子》的作者是老舍。

   b.《骆驼祥子》，作者是老舍。

   c. 老舍是《骆驼祥子》的作者。

   d.?《骆驼祥子》，老舍（才）是作者。

第 7 章 "是"字句与主谓谓语句　171

　　上述句中，(62a)和(62b)表示〈话题-指称说明〉关系，(62c)表示
属性陈述，只有回答"谁是《骆驼祥子》的作者"这一问句时，才能形成
对"老舍"的指称。(62d)宾语"作者"一般解读为类属名词，表示属性
陈述。这个句子只有加上"才"才能构成对"老舍"的指别说明，但伴有
限定等附带语义，与日语的(61d)并不对应。

　　从汉语的句式结构看，与日语(61d)对应的应该是(62b)，即"α，R
是 v（《骆驼祥子》，作者是老舍）"这一结构。

(63)　a. 这场戏的主角是老张。

　　　 b. 这场戏，老张是主角。　→ 这场戏，主角是老张。

(64)　a.《骆驼祥子》的作者是老舍。

　　　 b.?《骆驼祥子》，老舍是作者。→ 《骆驼祥子》，作者是老舍。

(65)　a. 我的专业是土木工程学。

　　　 b.?我，土木工程学是专业。→ 我，专业是土木工程学。

　　在汉语里，上述 b 类句很少使用，(63b)虽然成立，但"主角"并不
表示指称，而是对"老张"的述谓。"主角"作为一价名词，仍具有述谓
性，可以用于属性陈述。而(64b)"作者"、(65b)"专业"缺少述谓性，
所以不成立。

　　汉语的句式有"焦点后置"的特征。在"是"字句"S是NP"这一结
构中，"是NP"会自动成为陈述焦点，因此，对"α，v 是R"这一结构的
语义解读也会遵循这一原则，自动将"是R"解读为焦点。不过，"是NP"
作为焦点并不一定表示指别，只有当"v 是R"的R为专有名词、或有定
NP时才表示指别，否则会解读为述谓关系，因此与日语的同类结构并不
对应。

　　在汉语里，要使"v 是R"的v成为指称焦点，除了借助语境、语调
重音、以及表示限定的副词以外，也可以通过改变语序来实现。

(66) a.《骆驼祥子》，老舍是作者，鲁迅不是。 （语境）

b.《骆驼祥子》，老舍才是作者。 （限定副词）

c.《骆驼祥子》，作者是老舍。 （语序）

(66a)"老舍"通过与"鲁迅"的对比形成指别说明，(66b)借助副词"才"形成指别说明。而(66c)是改变语序，将"老舍"放在宾语位置上构成"α，R 是 v"，利用宾语指称形式来使 v 成为焦点。

在(66c)这一结构中，"老舍"相当于个体（值），"作者"作为《骆驼祥子》的附属物成为有定角色（函数），表示次话题，从而形成在《骆驼祥子》这一变域（α）下，角色（R）"作者"的值（v）是"老舍"这种〈话题-宾语指称〉关系。下述例子也如此。

(67) a.日本的首都是东京。

b.?日本，东京是首都。 → c.日本，首都是东京。

(68) a.老李的爱好是围棋。

b.?老李，围棋是爱好。 → c.老李，爱好是围棋。

(69) a.她的国籍是中国。

b.*她，中国是国籍。 → c.她，国籍是中国。

上述 b 类句都不自然，要换成 c 类句，后者在语义和指称焦点上基本与日语的「カキ料理構文」保持对应关系。

从上述分析可以看出，日语「カキ料理は、広島が本場だ」对应的汉语句式应该是"《骆驼祥子》，作者是老舍"。在该句式中，大主语提示话题，小主语作为角色提示说明侧面，宾语表示指称焦点。

其中的角色，一般会使用西山佑司和袁毓林提出的"非饱和名词"或"一价名词"等，但并不绝对。有些名词（如科长等）即使是非饱和名词也不能成立，最终要看R是否为有定个指NP，同时，R与v之间是否能够形成〈R＝v〉这一对应关系。

5. 我是咖啡，他是红茶

"我是咖啡，他是红茶。"也是颇受关注的一类句式。这类句子也相当于(21)Ⅳ类变体句式，是省略话题提示语后形成的一种紧缩句式。

坂原茂（1990）分析日语同类句式时提到，在〈αは，vがR だ〉这一结构中，变域（α）和角色（R）作为已知部分可以省略，但值（v）不能省略。角色 R 省略后形成「变域（α）はv だ」，即所谓的"鳗鱼句 3)"。坂原茂的"变域"相当于"话题域"。

类似的句式在汉语里也能看到。

(70) a. 《骆驼祥子》，作者是谁？

  — b. 作者是老舍。　　　　　　（省略α，R是v）

  — c. 《骆驼祥子》是老舍。　　　（省略R，α是v）

  — d. *《骆驼祥子》，作者是。　　（省略v，α，R是）

(70b)省略话题域，表示"R是v"（作者是老舍），(70c)省略R，表示"α是v"（《骆驼祥子》是老舍）。但(70d)省略v后，剩下α和R，无论构成"骆驼祥子，作者是"、或"骆驼祥子是作者"都不成立。

除了上述句式以外，下述也属于类似句式。

(71) a. 老舍是《骆驼祥子》的作者。　（v是α的R ）

  → b. 老舍是《骆驼祥子》。　　　　（省略R，v是α）

表示指称关系的主谓谓语句一般都可以构成紧缩句（鳗鱼句），这是因为表示指别时，指别对象成为信息焦点，话题提示语（α）和角色（侧面语）作为已知信息可以省略。因此，类似"《骆驼祥子》是老舍"或"老舍是《骆驼祥子》"等句式，都是在省略侧面语（角色）后形成的紧缩句式，主要表示〈话题-指称说明〉关系。

除了"是"字句以外，形容词句、或动词句也能形成类似结构。

（72）a. 大象（是）什么部位长？

　　 — b. 大象是鼻子长。 → c. <u>大象是鼻子</u>。

（73）a. 鼻子（是）什么动物长？

　　 — b. 鼻子是大象长。 → c. <u>鼻子是大象</u>。

（74）a. 你们去哪儿？

　　 — b. 我是去北京，他是去上海。

　　　　 → c. <u>我是北京</u>，<u>他是上海</u>。

上述划线部分，相当于在省略侧面语的条件下，由"是"取代谓词而构成的句式。

下述句式也如此。

（75）a. 你们喝什么饮料？

　　 — b.（饮料）我是啤酒，他是橘汁。

（75a)提示了〈喝饮料〉这一命题。(75b)将饮料提升到句首成为话题提示语，也可以省略。"我"和"他"成为次话题，"是NP"表示指称焦点。这个句式中，"我"和"啤酒"的语义关系是通过"喝（什么）饮料"来整合的。"我"与"他"形成对比范围（对比话题），且作为属性主体领有该属性或行为。

由于汉语主谓谓语句的语义关系复杂，且题述之间的语义松散，因此可以构成更多的紧缩句式。

（76）a.（大学专业）我是（学）理科，他是（学）文科。

　　 b.（气候）北京是秋天（好），哈尔滨是夏天（好）。

　　 c.（太太国籍），我是(娶的)美国太太，他是(娶的)日本太太。

第 7 章 "是"字句与主谓谓语句　175

上述句式都属于〈话题-指称说明〉句。这类句子在话题提示语的语义框架下得到语义整合。从句法角度看，这类句式都不是句法意义上的完句，相当于语用条件下的临时句式。

6. 小结

以上对主谓谓语句中的几类"是"字结构做了一个简单梳理。

我们认为，主谓谓语句的形成与汉语属于"主题优势语言"有关。汉语主谓谓语句的大主语（主题）可以容纳多种成分，因此构成多种语义关系和句式结构，成为一个多产句式。

根据语义与功能上的不同结构，可以将主谓谓语句分为"原型句式"和"变体句式"，其中，变体句式源于原型句式，主要是在〈话题-说明〉这一题述关系下形成的。

变体句式在结构上相对松散，也因此而衍生出更多的、语义结构更松散的句式变体，其中有些句式在句法表层形成了非逻辑性结构，从而使汉语主谓谓语句的划分标准和句式范围难以确定。不过，这些变体句式的形成依然遵循着句式和语义上的某些规则，如何找出这些规则，也是句式研究的一个重要课题。

注释

1) 原表格的用语和例句均为日文，这里改为中文，且例句有所调整。
2) 指称包括"指别、识别、等同"这三种功能，这里的功能主要是指别，但也不排除在某些语境下表示识别或等同。
3) "鳗鱼句"指日语的「僕はウナギだ（我是鳗鱼）」这类句式，相当于汉语的"我是咖啡，他是红茶"等句式。

第8章

"的"字短语与"是……的"句

1. "是……的"句

关于"是……的"句已有很多研究。王力(1954)在《中国现代语法》中很早指出,"是……的"句是由判断句演变而来的,主要表示说话人的语气等。刘月华等(1983)将"是……的"句分为"是……的(一)"和"是……的(二)",指出"是……的(一)"表示动作已经在过去实现或完成,它说明的重点不是动作本身,而是与动作有关的某一方面,如时间、处所、方式、条件、目的、对象或施事等。"是……的(二)"表示说话人的看法、见解或态度等,"是"和"的"表示语气,有时表示强调、肯定或态度坚决,有时表示口气的缓和或委婉。

我们认为,"是……的"句是"是"字句的衍生句式,它特化了"是"字句的某些功能,与"是"字句之间形成一种交叉、甚至部分重叠的状态。例如,下述句子哪些是"是……的"句,哪些是"是"字句("的"字短语句)有时很难判断。

(1) a.青蛙是会游泳的。

　　b.青蛙是在水里长大的。

　　c.青蛙是在水里抓到的。

(2) a. 雪是白的。

　　b. 雪是低温下由空气中的水蒸气凝结而成的。

　　c. 雪是昨天下的。

(3) a. 这些人都是文革后考上大学的。

　　b. 老李是文革后考上大学的。

　　c. 小李是去年上的大学。

（1a）是"是"字句，在某些语境下也能解读为"是……的"句。（1b）"青蛙"为类指、宾语表示属性时，是"是"字句，但表示某个青蛙的生长过程时是"是……的"句。（1c）表示个别事件的过程，是"是……的"句。

（2a）"白的"表示类属，是"是"字句。（2b）一般语境下是"是"字句，但在某些语境下也能成为"是……的"句。（2c）表示个别事件"下雪"的时间，是"是……的"句。

同样，（3a）表示"这些人"的属性时是"是"字句，表示入学时间时是"是……的"句。（3b）也可以有这两种解读。（3c）说明个别事件的时间，属于"是……的"句。

上述句式之间的差异主要体现在语义上，在结构上，除了（3c）以外，基本相同。因此，朱德熙（1978）将上述句式都视为"的"字结构判断句，分为以下五种类型。

(4) S_1：M＋是＋DJ 的　（小王是昨天来的）

　　S_2：DJ 的＋是 M　（昨天来的是小王）

　　S_3：是＋M＋DJ 的　（是我请小王来的）

　　S_4：是＋DJ 的＋M　（是我开的门）

　　S_5：(DJ 的)$_1$＋是＋(DJ 的)$_2$　（他拿的是人家挑剩下的）

朱德熙认为这五种句式相互关联，有些句式之间具有平行变换关系，在结构和语义上都属于"的"字结构判断句。

上述句式中，S₃ 和 S₄ 相当于"是……的(一)"，S₂ 和 S₅ 是"是"字句（分裂句），S₁ 一般解读为"是……的(一)"，但根据语境也能解读为"是"字句。同样，

(5) a.瓦特发明的是蒸汽机。(S₂)
　　b.发明蒸汽机的是瓦特。(S₂)
(6) a.瓦特是发明的蒸汽机。(S?)
　　b.是瓦特发明的蒸汽机。(S₄)
　　c.瓦特是发明蒸汽机的。(S₁)
　　d.蒸汽机是瓦特发明的。(S₁)

(5a)(5b)对"蒸汽机"和"瓦特"表示指别，是"是"字句（分裂句）。(6a)(6b)也对"蒸汽机"和"瓦特"表示指别，但句式结构有变化，成为"是……的"句，(6c)(6d)表示"瓦特"和"蒸汽机"的属性时是"是"字句，但将"蒸汽机"和"瓦特"作为焦点来说明时成为"是……的"句。

上述句式在结构和语义上有相似之处，也有不同之处，其中一些句式结构出现了异化。因此，尽管我们认可朱德熙的上述五种句式分类，仍认为有必要将"是"字句和"是……的"句加以区分。

汉语句式处于不断演化过程中，"是……的"句作为从"是"字句演化而来的句式，在语义和结构上发生了很大变化，成为一种表示特定语义关系、结构相对固化的句式。在功能上，"是……的"相当于将动词句内容放到判断句式平台上进行说明的一种衍生句式。

另一方面，由于"是……的"句源于"是"字句，在语义和句式上必然受到原有句式的制约，并非任意一个动词句只要加上"是……的"就能成句的。因此，我们从"是"字句角度进行观察，可以更好地看出"是……的"句在结构和功能上的某些特征。

2. "的"字短语句与"是……的"句

2.1. "的"字短语句

吕叔湘（1980）《现代汉语八百词》将使用"的"字短语的句式分为以下几个类型。

(7) 主+是+…的。以下 a，b，c 三项多数可以理解为'的'后省掉一个名词（可是事实上多不说出来）。

a. 主+是+名+的。表示领属、质料。

这本书是谁的?(＝谁的书)｜《琵琶行》是白居易的（＝白居易的作品）｜这房子是木头的（＝木头的房子）

b. 主+是+动/形+的。表示归类。

我是教书的（＝教书的人）｜那个骑自行车的不是送信的（＝送信的人）｜马路两边是看热闹的（＝看热闹的人）｜这批货是新出厂的（＝新出厂的产品）｜衣服是旧的（＝旧的衣服）｜这条鱼是新鲜的（＝新鲜的鱼）

c. 主+是+小句+的。表示归类。主语是小句中动词的受事。

这本书是他前年写的（＝他前年写的书）｜香蕉是他最爱吃的（＝他最爱吃的水果）｜那封电报是家里发来的（＝家里发来的电报）

d. 主+是+动+的。表示对主语的描写或说明,有加重的语气。一般不用于否定句。动词前一般有修饰语。'是'可省略。

我[是]不会开这种拖拉机的｜他[是]一定愿意去的｜书是有的

e. 主+是+形+的。表示对主语的描写或说明,有加重的语气。一般不用于否定句。形容词前一般有修饰成分、或是重叠形式。'是'常可省略。

他的手艺[是]很高明的｜鱼[是]挺新鲜的｜里面外面全

［是］闹哄哄的｜天空［是］湛蓝湛蓝的

有些句子里的形容词没有修饰成分。

身上虽冷，心里是暖的｜他的交往是广的｜事先提醒是必要的

    f. 是＋{小句＋的}。强调小句的主语。动作是结束性的。'是'前不能添出主语，不用否定式。

是谁告诉你的｜是我关掉收音机的｜是你把车子摔坏的吗？

上述(7a)(7b)是"是"字句（是＋的字短语）。(7c)根据语境可以解读为"是"字句，也可以解读为"是……的"句。(7f)相当于"是……的(一)"，(7d)(7e)相当于"是……的(二)"。

"的"字短语是定中结构省略中心词后形成的。"VP 的[1]"作为定语修饰语，原有功能是修饰中心词 NP。NP 省略后，"VP 的"作为名词性短语仍然可以充任主、宾语，保留了指代被省略的 NP 的转指义，也保留了定语修饰语的语义结构和功能。

"是＋VP 的"构成的"的"字短语判断句（以下称"的"字短语句）作为"是"字句的一种句式类型，同样具有属性陈述和对象指称功能。当"VP 的"后面补上 NP 时，该 NP 也可以分为两种。一种表示类属，相当于主语的上位名词 NP。另一种表示指称，相当于有定个指 NP。省略 NP 后，表示类属陈述的"是＋VP 的"仍保留了对事物进行类属区分性说明的功能，其"VP 的"具有指代类属 NP 的转指义。同样，表示对象指称的"是＋VP 的"也保留了指称（识别）功能，其"VP 的"转指有定个指 NP，保留了转指义。例如；

(8) a. 这本书是我的（书）。

    b. 这批货是新出厂的（产品）。

    c. 香蕉是他最爱吃的（水果）。

（9）a.这件衣服是去年买的（衣服）。

　　b.我们是在西单看的这个电影。

　　c.昨天是谁给你打的（那个）电话。

（10）a.他是一定愿意去的（?人）。

　　b.这条鱼是新鲜的（?鱼）。

　　c.书是有的（?）。

　　d.他的手艺是很高明的（?）。

　　(8a)"我的"相当于"我的书"，"书"是"这本书"的上位名词。省略"书"后，"我的"转指"书"，仍保留对"这本书"进行类属区分的功能，属于"的"字短语句。同样，(8b)(8c)也可以补上相应的上位名词，表示类属区分。"VP 的"具有指代类属 NP 的转指义，相当于省略 NP 的"的"字短语。

　　(9a)受事"这件衣服"升为主语后，宾语部分"VP 的"有两种解读。一种是表示"这件衣服"的类属，相当于说这件衣服"是去年买的衣服"，"VP 的"转指上位名词"衣服"，属于"的"字短语句。另一种表示买的时间，相当于说这件衣服"是去年买的（那件衣服）"，"VP 的"转指有定个指 NP，属于"是……的(一)"。(9b)"电影"、(9c)"电话"也可以构成"这／那个 NP"形式，相当于有定个指 NP。省略 NP 后，"VP 的"仍保留了指代有定个指 NP 的转指义。

　　(10)"VP 的"分为两种情况。一种是(10a)(10b)，这类"VP 的"可以添加类属 NP 时，相当于"的"字短语句，如果不能添加、或添加后不自然时，意味着"VP 的"失去了转指义，成为"是……的(二)"。(10c)(10d)基本不能添加 NP，属于"是……的(二)"。

2.2.　"VP 的"的语义结构

　　朱德熙（1961）在〈说"的"〉中，将"的"的功能分为三类（以下例句引自朱德熙 1961）

(11) a.大家伙儿赶紧的往家跑。 （的 $_1$ ＝副词性成分）

b.身上干干净净的。 （的 $_2$ ＝形容词性成分）

c.我昨天买的票。 （的 $_3$ ＝名词性成分）

根据朱德熙的上述分类，下述"～的"具有不同功能。

(12) a.雪是白的。

b.白的代表纯洁。

c.我喜欢那个白的。

d.皮肤(?是)白白的。

(13) a.这本书（?是）干干净净的。

b.这本书是值得一读的（书）。

c.读书是有好处的（?）。

(12a)"白的"是名词性成分，表示类属，类似"白颜色的东西"。
(12b)"白的"表示类指，(12c)表示个指。(12d)"白白的"是形容词性成分，即使加上"是"也不构成"的"字短语句。

(13a)"干干净净的"也是形容词性成分，(13b)和(13c)"VP 的"是名词性成分。(13b)"值得一读"后面可以添加 NP（书）时，是"的"字短语句，不能添加 NP 时成为"是……的(二)"。(13c)"有好处的"基本不能添加 NP，属于"是……的(二)"。

(13b)和(13c)同构，差异在于"VP 的"是否具有转指义。它体现在"VP 的"后面能否添加上位类属名词 NP。如果能添加，则"VP 的"转指类属 NP，相当于省略了 NP 的"的"字短语句。如果不能添加、或添加后不自然，则意味着"VP 的"失去了转指义，整个句子成为了"是……的(二)"。

同样，"VP 的"含有一个受事成分时，也可以构成"VO 的"来转指施事，这类"VO 的"失去转指义后，也会成为"是……的(二)"。

第 8 章 "的"字短语与"是……的"句 183

(14) a. 她是学历史的（?人）。

b. 他就是干这个的（?人）。

c. 我是不会这么教育孩子的（?）。

(14a)可以视为"的"字短语句。(14b)根据语境会有不同解读。(14c)的"VO 的"基本失去了转指义，属于"是……的(二)"。

我们看到，"的"字短语句也具有表示类属陈述和指称（识别）这两种功能，而"是……的"句同样继承了这两种功能。例如：

(15) a. 这本书是我买的（书）。

b. 书是大家看的（?书）。

c. 荣誉是属于集体的（?）。

(15a)可以有两种解读，一种表示小说的类属（归属），相当于"我（买）的书"。"VP 的"转指类属 NP"书"。另一种表示谁买的，说明"这本书"的获得方式。前者属于"的"字短语句，表示类属，后者属于"是……的(一)"，表示识别。(15b)也有两种解读，一种表示类属，相当于说书"是大家（看）的书"，"VP 的"转指类属 NP。另一种表示书具有"大家看的"这一属性，属于"是……的(二)"。后者的"VP 的"失去转指义，不再添加类属名词。(15c)的"VP 的"基本不能添加 NP，失去了转指义，属于典型的"是……的(二)"，表示"荣誉"具有"属于集体"这一属性。

因此，我们认为"是……的"句分别继承了"是"字句的表示属性陈述和对象识别这两种句式功能，因此形成了所谓的"是……的(一)"和"是……的(二)"这两种句式。其中，"是……的(二)"继承了表示类属（分类）陈述的功能，"VP 的"失去转指义后，不再表示类属或类别，但保留了对事物进行类属区分性说明的功能。而"是……的(一)"继承了表示识别的功能，用于表示对事件实现方式的识别说明。

184

　　"是……的"句作为衍生句式，尽管形成了特定的句式功能，但与"的"字短语句之间并没有严格的界线，对这两类句式进行区分时，有时需要依靠语义关系和语境来判断。例如：

(16) a. 马锐在刚出生时是个可爱的婴儿，在同时出生的那拨婴儿中，他被产科的护士们公认为是最漂亮、最雄壮的。（王朔文集）

　　b. 他掌握了毋宁说是练出了一种生物本能，如同天冷皮肤起鸡皮疙瘩一样：一旦谁万分诚恳地向你灌米汤，手一定要捂紧口袋。事实很快证明了马林生的谨慎是有道理的。（王朔文集）

　　c. 祥子心中很高兴。假若这个主意能实现，他算是又拉上了自己的车。虽然是老婆给买的，可是慢慢的攒钱，自己还能再买车。　（老舍：骆驼祥子）

　　d. 第二天的生意不错，可是躺了两天，他的脚脖子肿得象两条瓠子似的，再也抬不起来。他忍受着，不管是怎样的疼痛。他知道这是不可避免的事，这是拉车必须经过的一关。非过了这一关，他不能放胆的去跑。（老舍：骆驼祥子）

　　e. 不快跑若是对不起人，快跑而碰伤了车便对不起自己。车是他的命，他知道怎样的小心。小心与大胆放在一处，他便越来越能自信，他深信自己与车都是铁作的。　（老舍：骆驼祥子）

　　(16a)可以解读为"最漂亮、最雄壮的（婴儿）"，"VP的"具有转指义，可以补上NP（婴儿），属于"的"字短语句。(16b)"有道理的"无法补上NP，属于"是……的(二)"。(16c)解读为车的归属时，是"的"字短语句，解读为车的获得方式时，是"是……的(一)"。(16d)在结构上属于"是"字句，但去掉"事"后语义不变，在功能上类似"是……

的（二）"。(16e)解读为铁作的"东西"时表示类属。解读为具有"铁做的"属性时，是"是……的（二）"，解读为"自己与车"的由来时，也可能是"是……的（一）"。

从上述例句可以看出，"的"字短语句和"是……的"句在语义和结构上会出现交叉、甚至重叠的现象，二者之间处于一个模糊状态。但这也正好证明，由于"是……的"句源于"是"字句，并部分地保留了"是"字句的结构和功能，所以才会出现这种现象。

从句式功能看，"是……的"句的"VP的"继承了定语修饰语的语义功能和结构。朱德熙（1984）认为，定语的功能可以分为限制性和描写性两种。其中"限制性定语的作用是举出一种性质和特征作为分类的根据来给中心词所代表的事物分类"。我们看到，"是……的"句中的"VP的"也保留了这种"分类"功能，用于表示类属类别或个体识别等区分性说明，这种功能与"是"字句表示类属陈述和对象指称的功能基本一致。

2.3. "是……的（一）"与"是……的（二）"的区别

首先，"是……的（一）"和"是……的（二）"的一个重要区别在于，句中的"VP的"是否保留了指称（转指）义。

(17) a. 这本书是老舍写的（书／《骆驼祥子》）。
→ b. 是老舍写的这本书（／*书／《骆驼祥子》）。
→ c. 老舍是写的这本书（／*书／《骆驼祥子》）。
→ d. 老舍是1936年写的这本书（／*书／《骆驼祥子》）。

(17a)主语为"这本书"时，"VP的（老舍写的）"有两种解读。一种是"VP的"转指类属NP"书"，相当于说"老舍的作品"，表示类属，属于"的"字短语句。另一种是"VP的"转指有定个指NP，即《骆驼祥子》，表示识别，属于"是……的（一）"。(17b)(17c)(17d)也属于

"是……的（一）"。其"VP的0"的0（这本书）都可以置换为《骆驼祥子》，但不能置换为"书"。说明"是……的（一）"的"VP的"指向有定个指NP。同样，

(18) a.《骆驼祥子》是<u>老舍写的</u>。
→ b. 是老舍写的《骆驼祥子》。
c.《骆驼祥子》是<u>老舍1936年写的</u>。
→ d. 老舍是1936年写的《骆驼祥子》。
e.《骆驼祥子》是<u>老舍在北京写的</u>。
→ f. 老舍是在北京写的《骆驼祥子》。

(18a)与(18b)的句式结构不同，但语义相同，可以构成平行互换关系。(18c)与(18d)、(18e)与(18f)之间也能构成平行互换关系。上述句式都表示识别说明，尽管句式结构不同，但都属于"是……的（一）"。上述划线部分"VP的"都指向《骆驼祥子》，分别表示施事、时间、场所等行为实现方式。因此，我们认为"是……的（一）"的"VP的"保留了指代有定个指NP的指称（转指）义。这也可以解释"是……的（一）"的宾语一般为有定NP的原因。

与"是……的（一）"不同，"是……的（二）"继承了"是"字句表示类属、类别陈述的句式功能。句中的"V(0)的"失去了转指义，整个句式不再表示归属或类别陈述，但保留了对事物进行类属（属性）区分性说明的功能。例如：

(19) a. 这是一本很有价值的书。
b. 这本书是很有价值的（?书）。
c. 他的意见是很有价值的（?）。

(19a)"有价值的书"说明书的类属，是"的"字短语句。(19b)

有两种解读。表示"有价值的书"时,是"的"字短语句,表示这本书具有"有价值"这一属性时,是"是……的(二)"。(19c)的"VP的"不能添加NP,只能表示"他的意见"具有"有价值"这一属性,属于典型的"是……的(二)"。

其次,从命题类型看,"是……的(一)"针对某个事件命题,说话人认可该命题为真,并就该命题事件的形成过程或实现方式进行说明。其说明的内容一般指向命题事件的内部因素。相反,"是……的(二)"一般针对某个判断命题,说话人就该命题的真伪(合理)性、类属性进行说明,伴有一种逻辑判断语气。这种说明往往会转为表示说话人自身的态度和立场。

另外,从"VP的"的功能看,"是……的(一)"继承了"是"字句表示识别的功能,"VP的"指代有定个指NP,因此形成了"VO的"和"V的O"两种格式,前者转指施事,后者转指受事。其中的"的"作为结构助词受到"VP 的"的束缚,不能移位,也不能成为情态标记。相反,"是……的(二)"的"VP的"失去了转指义,其中的"的"从"VP的"脱落,成为整个句式的句尾标记,并进一步演化为独立的、表示情态的语气词。

(20) a. 晚上点名以后回到号子,大伙儿还没入睡的时候,老劳改犯煨在火炉旁会给新来的人说许多黑色囚衣下的风流韵事。老劳改犯人是劳改队里的荷马,<u>农场的历史就是靠他们的嘴流传下来的</u>。 (张贤亮:男人的一半是女人)

b. 我娘在一旁哭得呜呜响,她对我说:"我说过家珍是你的女人,<u>别人谁也抢不走的</u>。" (余华:活着)

c. 家珍把我拉到一旁说:"你去城里请个郎中来。"<u>请郎中可是要花钱的</u>,我站着没有动。家珍从褥子底下拿出了两块银元,<u>是用手帕包着的</u>。看看银元我有些心疼,<u>那可是家珍从城里带来的</u>,只剩下这两块了。可我娘的身

体更叫我担心，我就拿过银元。 （余华:活着）

d.然后他的手又伸了出来，手指间夹了一根香烟。他若无其事地点燃香烟抽了起来。但他感到他的<u>若无其事是装出来的</u>。（余华:四月三日事件）

(20a)划线部分"靠他们的嘴流传下来的"可以解读为"农场的历史"的形成过程，相当于"是……的(一)"，也可以解读为"农场的历史"的属性，相当于"是……的(二)"。(20b)的"VP的"失去转指义，表示"家珍"具有"别人谁也抢不走"这一属性，属于"是……的(二)"。(20c)表示"请郎中"具有"花钱"这一属性。后续"是用手帕包着的"和"是家珍从城里带来的"表示行为过程。(20d)"装出来的"可以解读为"若如其事"的实现方式，也可以解读为对"若无其事"的属性说明。上述"VP的"表示过程或方式时，相当于"是……的(一)"，表示属性时，相当于"是……的(二)"。

"是……的"句作为"是"字句的衍生句式，其"VP的"仍保留了定语修饰语的结构和功能，陈述重点集中在"VP的"部分。从句式功能看，"是……的"句相当于从"是"字句对NP的区分性说明，演化为对定语部分"VP的"的区分性说明。其中，"是……的(一)"从表示"怎样VP的NP"这种对NP的识别说明，转化为对"怎样VP的"部分的识别说明。而"是……的(二)"从表示"属于哪种VP的NP"这种类属或类别说明，转化为表示具有"哪种VP的"属性、这种针对属性的区分性说明。

由于这种演化是衍生式的，类似于主干与分枝的关系，因此"是……的"句与"是"字句之间必然会出现交叉或重叠的现象。同时，"是……的(一)"和"是……的(二)"之间也会出现交叉或重叠的现象，在实际使用中究竟属于哪一种，需要根据语境来判断。

下面，我们先分析一下"是……的(二)"。为行文方便，有时直接称为"是……的"。

3. "是……的(二)"的句式功能

3.1. 针对既有命题的判断与说明

刘月华等（1983）认为下述句式是"是……的(二)"

(21) a. 幸福自然是人人向往的，但是不可能人人如愿。

　　 b. 十年树木是不对的，在南方要二十五年，在北方要更多的
　　　　时间。十年树人倒是可以的。

　　 c. 这些道理广大人民群众是懂得的。

刘月华认为上述句中"是"和"的"表示语气，有时表示强调、肯定或态度坚决，有时表示口气的缓和或委婉。刘月华的解释大致符合汉语母语者的语感，但缺少针对性。其中"强调、坚决"和"缓和、委婉"属于对立性语气，为什么会共现于同一句式也有待说明。

还有些研究认为，"是……的(二)"表示说话人的主观态度和立场，根据语境可以表示断定、确信、肯定、强调、委婉以及解释等。因此，其功能主要是语用上的，根据情况可以省略"是"或"的"而不改变语义，且"是"可有可无，句尾"的"是语气词，等等。

我们认为，"是……的(二)"源于"是"字句的类属陈述句，其演化过程与"VP 的"失去转指义有关。这类句子虽然不再表示类属或类别陈述，但保留了从类属范畴对事物（属性）进行区分的功能。

首先，"是……的(二)"将某个事态（或判断）视为一个判断命题，说话人对此表示判断或说明。"是……的(二)"针对的判断命题需要事先获得谈话双方的共识，相当于双方谈论中的某个话题。

(22) a. 鲸鱼是哺乳动物。

　　 b. 鲸鱼是生活在大海里的（动物）。

(23) a. 这本书值得一读。 → b. 这本书不值得一读。

(24) a.这本书是值得一读的。 → b.?这本书不是值得一读的。

c.这本书是不值得一读的。

(22a)是典型的"是"字句。这类句式以"鲸鱼"的存在为前提表示类属陈述。(22b)添加"动物"后也表示类属陈述。如果不添加"动物"时可以解读为"是……的(二)",表示"鲸鱼"具有"生活在大海里"这一属性。"是"字句作为判断句,一般以判断对象的存在为前提。"是……的"句继承了这种判断模式,一般以某个既有命题(判断对象)为前提来表示说话人的判断或说明。

(23a)(23b)表示这本书是否"值得一读"。(24a)表示这本书具有"值得一读"的属性,(24b)否定这本书具有"值得一读"的属性,但一般以"值得一读"这一既有判断为前提,需要语境支持,否则会不自然。(24c)表示"这本书"具有"不值得一读"的属性。(23)和(24)这两类句子语义接近,区别在于(23)表示评价,而(24)表示类属区分性说明,同时伴有基于某种依据的逻辑判断语气。

"是……的(二)"表示说明时,可以针对肯定命题,也可以针对否定命题,但"是……的(二)"自身一般使用肯定形式。如为否定形式,如(24b)等,一般是针对某个既有判断来表示否定,需要有语境支持,否则会不自然。

由于"是……的(二)"以某个既定命题为前提,因此在语用上属于一种依附性句式,一般与上下文有关联性,并非任意一个句子只要加上"是"或"的"就能成句的。例如,说话人单方面提出的内容(初始命题)如果缺少谈话双方共识时,一般不能使用"是……的"。

(25) a.外边很冷吗? → b.*外边是很冷的吗?

— c.外边很冷。 → d.?外边是很冷的。

(26) a.哈尔滨冬天很冷吗? → b.哈尔滨冬天是很冷的吗?

— c.哈尔滨冬天很冷。 → d.哈尔冰冬天是很冷的。

第8章　"的"字短语与"是……的"句　　191

(25a)是单方面提出的命题，一般不用(25b)。回答一般用(25c)，很少用(25d)。只有当"冷不冷"成为谈论中的话题时才可能使用。

(26a)是单方面提出的命题，而(26b)针对某个既有命题，如涉及哈尔滨气候的话题等。作为回答，(26c)表示个人看法，(26d)表示基于依据的类属区分性说明。其依据可以是事实、常识或个人体验等。

(27)　a. 你明天干什么？　　→　b. *你明天是干什么的？
　　— c. 我想去买东西。　→　d. *我是想去买东西的。
(28)　a. 你将来打算干什么？　→　b. 你将来是打算干什么的？
　　— c. 我将来想当老师。　→　d. 我将来是要当老师的。

(27a)"干什么"表示个别行为或意愿，缺少类属区分意义，一般不用"是……的"。(28a)"将来打算干什么"，可以使用(28b)来获得类属区分意义。表示在"将来做什么"这一命题上有多个选项（类型），问对方的选择（判断）是什么。同样，(28c)表示个人意愿，而(28d)表示类属性选择。后者一般是在讨论"将来做什么"这类话题时使用，否则也会显得突兀。

除了疑问句以外，"是……的"句用于一般陈述时，也需要依附前提命题。

(29)　a. 我家来了一个客人。
　　→　*我家是来了一个客人的。
　　b. 夜空中出现了几颗星星。
　　→　*夜空中是出现了几颗星星的。
　　c. 羊圈里丢了两只羊。
　　→　?羊圈里是丢了两只羊的。
　　d. 太阳落山了。
　　→　*太阳是落山的。

上述句子属于"隐现句"，表示新场景的出现，相当于提示一个新命题。这类句子很少使用"是……的"。相反，下述句子往往会使用"是……的"。

(30) a.学外语只要肯花时间，<u>是一定能学好的</u>。
　　　b.你要是问我的意见，<u>我是不同意你去的</u>。
　　　c.别等了，<u>他今天是不会来的</u>。
　　　d.<u>人总是要死的</u>，但死的意义有不同。

(30a)的命题为"如何学好外语"，"是……的"表示"肯花时间"与"学好外语"之间的逻辑关系，并伴有"一定能学好"是基于常识或常理的判断等附带语气。(30b)的命题为"是否同意（你去）"，说话人表示自己真实的立场是"不同意"。(30c)主张"别等了"，理由是"他今天不会来"，且"他今天不会来"这一判断本身也基于某些依据。(30d)的命题是"死"，说话人认为"人总要死"这一命题是真实、且合乎逻辑的。

不过，"是……的"句并非只要有前提命题就能使用，如向对方确认某个命题真伪时一般会使用"是"，但不会使用"的"。

(31) a.你不是<u>知道这件事</u>（?的）吗？
　　　b.这件事，不是<u>已经说过</u>（?的）吗？
　　　c.他不是<u>不喝酒</u>（?的）吗?。
　　　d.这件事是不是明天再<u>商量</u>（*的）？

划线部分相当于前提命题，但因为是针对该命题向对方求证真伪，而不是表示说话人自身的判断或立场，因此不用"是……的"。相反，如果不是询问，而是向对方表达自己的判断或立场时，往往会使用"是……的"。

(32) a. 你是<u>知道这件事</u>的。

b. 这件事，是<u>以前说过</u>的。

c. 你别劝了，他是<u>不喝酒</u>的。

d. 这件事是可以明天再<u>商量</u>的。

上述"是……的"针对谈话双方谈论中的某个命题（划线部分）来表示说话人的判断或说明。在以往的研究中，上述"是……的"一般解释为强调或解释。我们认为，上述句式仍然是针对某个命题表示说话人的判断或立场。不过，在说话人看来，这一判断是基于事实、或合乎常理的逻辑性判断，因而是对方可以理解或接受的。因此形成所谓的"强调、说服、解释"等附带语气。

(33) a. 平日，他觉得自己是头顶着天，脚踩着地，无牵无挂的一条好汉。现在，他才明白过来，悔悟过来，<u>人是不能独自活着的</u>。 （余华:四月三日事件）

b. 刚开始我们只是被包围住，解放军没有立刻来打我们，我们还不怎么害怕，连长也不怕，他说<u>蒋委员长会派坦克来救我们出去的</u>。 （余华:活着）

c. 马没有了，车没有了，我还有手。没有身份证怕什么？我的存在的价值，<u>不是靠纸片证明的</u>。我在烽火台前坐了一夜。 （戴厚英:人啊，人!）

(33a)表示"生活"具有"人不能独自活着"这一属性。(33b)表示"不害怕"是基于"蒋委员长会派坦克来救我们"这一依据（经验）。(33c)表示"我存在的价值靠纸片证明"这一命题不真实或不合理。

"是……的(二)"的这种语义功能不是凭空产生的，而是继承了"是"字句表示类属陈述的句式功能，"是……的"尽管失去转指义，不再用于类属或类别陈述，但仍保留了类属区分性说明的功能。

194

3.2. 事件陈述与属性陈述

命题陈述分为事件陈述（stage-level predicates）和属性陈述（individual-level predicates）。前者一般表示临时状态、或个别事件，后者一般表示恒常属性。

(34) a. 这本书干干净净的。
　　 b. 这本书是很有价值的。

两个句子都是对书的说明，但语义上有差异。(34a)的"VP的"是形容词性成分，表示一种直观的、感知性陈述。而(34b)的"VP的"是名词性成分，表示一种类属性、逻辑性说明。前者主要用于表示临时状态、或偶发性事件，后者主要表示恒常属性、常态或规律性事件。这种语义上的差异也是区分两类句式的一个标准。

我们看到，针对个别事件、或临时性状态进行说明时，很少使用"是……的"，即使使用了"是……的"，也不一定是"是……的(二)"。相反，表示恒常属性、或规律性事件时，一般会解读为"是……的(二)"，意味着后者属于一种逻辑性、或论证性陈述。

(35) a. 这个药甜甜的。
　　 b. 药是用来治病的。
　　 c. 药不是治百病的。
　　 d. 你知道，我是不吃药的。

(35a)"VP的"是形容词性的，属于感知性描述。而(35b)"VP的"是名词性的，可以解读为"的"字短语句，也可以解读为"是……的"句。(35c)对"药治百病"这一命题（判断）表示否定，(35d)表示说话人在"吃药"命题上的判断或立场，属于"是……的"句。

"是……的(二)"一般用于恒常属性说明，很少用于临时状态、

第 8 章 "的"字短语与"是……的"句 195

或偶发事件。即使针对个别事件进行说明时，也是从常理、或常识角度来进行一种类属性、或逻辑性梳理。

(36) a. 今天村里死了一个人。
→ b. *今天村里是死了一个人的。
c. 村里每天都死人。
→ d. 村里是每天都死人的。
(37) a. 这个药没治好他的病。
→ b. *这个药是没治好他的病的。
c. 这个药治不好他的病。
→ d. 这个药是治不好他的病的。
(38) a. 这件事上，他很诚实。
→ b. 这件事上，他是很诚实的。
c. 这件事上，他很不诚实。
→ d. 这件事上，他是很不诚实的。

(36a)是偶发性事件，一般不用"是……的"。(36c)是反复性事件，可以视为常态或规律而使用"是……的"。(37a)也属于偶发事件，不用"是……的"。(37c)说明药物的内在属性，可以用"是……的"。(38a)(38c)是对"他"的感知性描述，而(38b)(38d)是对"他"是否"诚实"的论证性说明，间接说明他的个人属性（人品）。

"是……的(二)"表示的判断伴有基于某种依据的逻辑判断语气。这些依据可以是常理、规律、事实、经验以及个人体验等，一般具有常理性或恒常性，因而伴有期待对方理解、或认可的语气。这种语气可以解读为确信、强调、坚持、说服、解释、缓和以及委婉等。其中有些语气之间是对立的，之所以能共现于同一个句式与不同的使用场景有关。不过，这些语气也有共同之处，都属于基于依据或常理的判断或说明，伴有逻辑性、或论证性判断语气。

196

(39) a. 大家对这件事是比较失望的。

b. 说实话，她也挺不容易的。

c. 你知道我每天都要上班的。

d. 这件事，你应该会理解的。

(40) a. 我（是）一定会帮你的。（你放心吧）

b. 你放心，我（是）不会骗你的。（你应该相信我）

c. 我其实是不想去的。（希望你理解）

d. （其实）他是爱你的。（只是你没察觉）

(39a)表示大家"比较失望"是一种实际现实。(39b)"说实话"表示"她不容易"这一判断基于客观事实。(39c)表示"每天上班"是对方也认可的真实情况。(39d)表示在常理下，对方应有的选择。(40)各句相当于表示解释或说服的用法。这些语气也都源于"是……的"所具有的类属区分性说明，表示"是……的"部分是基于某些依据、或客观事实的判断。

(41) a. 就是在这个时候，他想起他的车，而喊出"凭什么？""凭什么？"但是空喊是<u>一点用处没有的</u>。（老舍：骆驼祥子）

b. 有时候他看别人喝酒吃烟跑土窑子，几乎感到一点羡慕。要强既是没用，何不乐乐眼前呢？<u>他们是对的</u>。 （老舍：骆驼祥子）

c. 我娘常说<u>地里的泥是最养人的</u>，不光是长庄稼，还能治病。那么多年下来，我身上那儿弄破了，都往上贴一块湿泥巴。我娘说得对，不能小看那些烂泥巴，<u>那可是治百病的</u>。（余华：活着）

(41a)针对"喊（凭什么）"这一命题，祥子从现实中认识到"空喊"具有"一点用处没有"这一属性。(41b)表示"别人喝酒吃烟跑土窑子"等行为，依照现实来判断属于"对的"。(41c)划线部分表示生活中的某些常识或规律。

另外，"是……的"也用于理应如此，但实际出现了意外等场合。

(42) a. 我真想去。

　　b. 我是真想去的。

　　c. 我（本来）是真想去的，可实在是忙不过来。

(43) a. 我不想告诉你。

　　b. 我(是)不想告诉你的。

　　c. 我本来是不想告诉你的。

(44) a. 我是打算去北京的。

　　b. 我原来是不打算看电影的。

　　c. 这种方法对中国学生是有用的，但对外国学生就没用了。

(42a)表示说话人的态度。(42b)表示"想去"是真实的，但不一定去。(42c)表示"想去"是真实的，但实际出现意外。(43a)表示意愿。(43b)表示自己的真实态度，实际怎么做不确定。(43c)表示原来的态度出现了变化。(44)各句也都表示照理应当如此，但实际出现了意外等。

上述"是……的"部分表示原有判断是真实的、合乎逻辑的，但实际出现了意外情况。由于意外情况不属于常态、具有临时事件属性，因此这部分内容不能使用"是……的"。

(45) a. 我（本来）是真想去的，可<u>实在是忙不过来</u>（*的）。

　　b. 我原来不想告诉你的，但<u>还是告诉你吧</u>（/*的）。

　　c. 这种方法对中国学生是有用的，但<u>对外国学生就没用</u>了。

　　→ 但对外国学生是没用的。

(45a)"忙不过来"和(45b)"还是告诉你"表示变化,这部分不能用"是……的"。(45c)"对外国学生就没用"表示变化时,不能用"是……的",但作为某种常态来说明时,可以用"是……的"。

前面例(21)刘月华提到的部分例句也属于这种情况。

(46) a.幸福自然是人人向往的,但是不可能人人如愿。

b.十年树木是不对的,在南方要二十五年,在北方要更多的时间。十年树人倒是可以的。

(46a)针对"幸福"这一命题,表示按道理具有"人人向往"的属性,但现实中不一定"人人如愿"。(46b)对"十年树人"这一命题表示否定,但认可"十年树人"是合理的。

3.3."(像)……似的"

表示比喻的"(像)……似的"相当于以类比对象为依据的判断句,这类句子也使用"VP的"形式。

(47) a.那抢购的劲儿<u>就跟不要钱似的</u>。

b.老人对待他<u>像对待自己亲儿子似的</u>。

c.这种白薯甜得<u>像栗子似的</u>。

上述句式也表示基于某个依据的说明。不过,这个依据是通过类比方式来提示的。例如:

(48) a.她一声没响,小屋里静得<u>象个深山古洞似的</u>。院中街坊的咳嗽,说话,小孩子哭,都听得极真,又象是极远,正似在山上听到远处的声音。 (老舍:骆驼祥子)

b.不幸,他必须拉洋车;好,在这个营生里他也证明出他的

第8章 "的"字短语与"是……的"句 199

能力与聪明。他仿佛就<u>是在地狱里也能作个好鬼似的</u>。
（老舍：骆驼祥子）

c. 凤霞嫁到了城里，我和家珍就<u>跟丢了魂似的</u>，怎么都觉得
心慌。 （余华：活着）

d. 独坐在屋中的时候，他的眼发着亮光，去盘算怎样省钱，
怎样买车；嘴里还不住的嘟囔，<u>象有点心病似的</u>。 （老
舍：骆驼祥子）

上述划线部分虽然不是"是……的"句，但在表示基于依据（类
比）的说明上相当于一个临近句式。

4. 表示情态的 "的"

(49) a. 冬天的哈尔滨(?是)真冷（*的）。
b. 冬天的哈尔冰(是)很冷的。
c. 冬天的哈尔滨(?是)够冷的 [2]。

(49a)"真冷"是形容词，表示感知性描述，不能用于"是……的"
句。(19b)"很冷的"可以解释为"的"字短语句，也可以解释为"是……
的(二)"。前者表示类属"很冷的地方"，后者表示具有"很冷"这一
属性。(49c)会有不同解读，"VP的"可以解读为形容词性成分，也可
以解读为"是……的(二)"。如果解读为后者的话，相当于句尾"的"
独自承担了"是……的(二)"的句式功能。

我们认为，(49c)在语义上仍属于"是……的(二)"，属于"是"
字脱落后形成的句式。"是……的"的"是"由于失去了动词功能，可
以省略，尤其与"会、要、可、算（是）、挺、总是、老是"等副词性
成分交集时会出现脱落现象，形成由"的"字独自承担"是……的(二)"
句式功能的现象。

(49c)究竟属于"是……的(二)",还是属于"的"独自表示语气的句式,很难判定。但不可否认的是,随着"是……的(二)"的进一步演化,其句尾"的"逐渐脱离"VP 的"成为附着于句尾的情态词,扩大了其语义功能和使用范围。

(50) a.这家饭馆在当地算(是)有名气的。

　　　b.我明天(是)要上课的。

　　　c.这活儿可(?是)够累人的。

　　　d.碰到这种事,换谁都(?是)会这么想的。

　　　e.听你这么说,我还(?是)挺感动的。

上述句子在功能上类似"是……的(二)",由于出现"算(是)、要、可、够、会、挺"等而造成"是"字脱落。上述句中的"的",与"的"字短语句、或"是……的(一)"中的"的"完全不同,不具有转指义,且脱离了"VP 的"束缚,成为一个句尾附着成分,可以视为一个独立的情态(语气)词。下属例句也如此。

(51) a.他的力气似乎能达到车的各部分。脊背微俯,双手松松拢住车把,他活动,利落,准确;看不出急促而跑得很快,快而没有危险。就是在拉包车的里面,<u>这也得算很名贵的</u>。(老舍:骆驼祥子)

　　　b.我就在黄昏的时候背着她到村里去走走,村里人见了家珍,都亲热地问长问短,家珍心里也舒畅多了,她贴着我耳朵问:"他们不会笑话我们吧。"我说:"<u>我背着自己的女人有什么好笑话的</u>。"　(余华:活着)

　　　c.二喜指指紧挨着的一块空地说:"爹,我死了埋在这里。"我叹了口气对二喜说:"这块就留给我吧,<u>我怎么也会死在你前面的</u>。"　(余华:活着)

d. 我也想通了，轮到自己死时，安安心心死就是，不用盼着收尸的人，村里肯定会有人来埋我的，要不我人一臭，那气味谁也受不了。 （余华:活着）

e. 可这太危险了，早晚有一天会被人抓住，犯法的人干到最后没有逃脱的。 （王朔文集）

上述划线部分有些能补上"是"，有些不能。这些句式是否属于"是……的(二)"，很难判定，有些句式依然保留了"是……的(二)"的句式语义，但句尾的"的"更接近于一个独立的语气词。

另外，日常对话中常见的"是的、对的、好的"等用法也类似这个"的"。这些"的"对对方提出的判断或提议等表示肯定、理解或赞同，相当于"你说得对、有道理、我同意"等。其中有些"的"与"干干净净的"等形容词性"的"混为一体成为一个纯粹的语气词，基本脱离了"是……的(二)"的句式语义。

5. 小结

从上述分析可以看出，"是……的(二)"的基本句式功能是针对某一既有命题，表示说话人基于某些依据的逻辑判断或说明。这种功能源于"是"字句表示类属陈述的功能，与"是"字句的不同之处在于，"是……的(二)"的"VP 的"失去了转指义，不再表示类属或类别，但保留了对事物进行类属区分性说明的功能。

"是……的(二)"失去转指义，与"的"字短语句内部语义结构变化有关，也与"是"字句的句式功能扩展有关。作为一个衍生句式，"是……的(二)"仍然受到源于"是"字句的某些约束，形成了特定的句式语义和功能，并非单纯表示肯定、强调或委婉等语气。

我们认为，"是……的(二)"和"是……的(一)"分别继承了"是"字句表示类属陈述和识别说明的句式语义，句中"VP 的"结构保留了定语结构的限制性分类功能，分别对类属属性、和特定个体表示区分性说明。前者成为了"是……的（二）"，后者成为了"是……的（一）"。

其中，"是……的（一）"的"VP 的"保留了转指义，指向有定个体，形成了"V 的 O"和"VO 的"两种格式。而"是……的（二）"的"VP 的"失去了转指义，句尾"的"从"VP 的"脱落，成为句尾附着成分，进一步演化为一个独立的情态（语气）词。

注释

1) 这里的"VP 的"的 VP 主要指动词，也包括形容词，相当于"谓词+的"结构。

2) 这个句子的"是"如果重读的话可以成立。但重读的"是"相当于副词性成分，与表示焦点指称的"是"在功能上并不相同。

第9章

表示实现方式的"是……的"句 [1]

本章主要讨论"是……的(一)"的句式结构与功能,为行文方便,有时直接称为"是……的"。

1."是……的(一)"的语用条件

根据朱德熙(1978)、李讷,安珊笛,张伯江(1998)、杉村博文(1999,2015)、小野秀樹(2001)、木村英树(2003)、袁毓林(2003)、沈家煊(2008)、杨凯荣(2016)等研究,我们知道"是……的(一)"具有以下几个特征。

(1) a.针对某个已然行为表示说明。

b.说明对象通常为特定的个别行为。

c.不表示事物的恒久属性。

d.不表示属性陈述,主要针对某个焦点表示确认或说明。

e.句子表层会出现"我是在西单买的书"这类非逻辑性结构。

f.动词一般不带"了、着、过"等时态标记。

g.动词不接受"不~、没~"等否定形式。

h.宾语一般为有定。

杉村博文(1999)将"是……的"分为以下两个类型。

(2) a. 信息焦点指定型

　　"是你给我们家打的电话吧？"

　　b. 事件原因解说型

　　餐车里人多，挤来挤去，我们稀里糊涂吃完，撤了出来。几片红东西从外边打在车窗上，是西红柿，<u>看来是前边谁把剩饭扔出车被风刮回来的</u>。

　　杉村博文认为，(2a)的"V 的 O"是先行句中的"V 了 O"的"承指形式"(anaphoric form)，"V 的 O"从某个已然事件句中的"V 了 O"那里获得了已然义，同时宾语(O)也获得有定名词的地位。由于"V 的 O"承指先行句的"V 了 O"，时态受到"V 了 O"的控制，因此"V 的 O"不必也不能带上时态标记，大多采用光杆动词形式。先后句子之间形成一种"先了后的"的特征。

　　相反，(2b)用于某个事件发生后，对它的原因进行解释，说明它是怎么一回事，用法仅限于肯定式陈述。如(例句引自杉村博文 1999)：

(3) a. 林竹定睛一望，果然有三、五个人朝厂门口这边走来，其中有两个人手里还拿着大红纸卷儿。她明白了：<u>是青龙潭小学和被救孩子的家长来厂贴表扬信的</u>。(石英：同在蓝天下)

　　b. 这时，他忽听一声惊心的喊叫："王倬，你被捕了！……"他吃惊地坐起来，不，<u>是两位人民警察把他揪起来的</u>。十分钟以后，他已出现在审讯室里。(张志民：赵全一案件)

　　c. 明天是星期日，你到我家吃中饭吧，……<u>是我妈叫我特邀你的</u>。(石英：同在蓝天下)

　　杉村博文认为，使用原因解说型时，说话人必须拥有足以对事情

第9章 表示实现方式的"是……的"句　205

的前因后果进行解释的知识,而这些知识主要来自说话人的亲身经历。如果说话人所拥有的知识不足以断定前一事确为后一事所导致时就不能使用这类句式。例如:

(4)　她饿了,肚子里咕噜咕噜地叫唤。她盼着奶奶,奶奶怎么还
　　　没送饭来? 奶奶要是没工夫,也总会托个人给捎来呀! 忽然
　　　间,高粱地里传来一阵悉悉嗦嗦的响声。玉环的心里一乐,
　　　<u>准是奶奶送饭来了</u>。　(浩然:爱美的姑娘)
　→　*准是奶奶送饭来的。

　　另外,由于原因解说型与焦点指定型不同,句中的 V 是第一次出现的新信息,因此一般使用"VO 的"格式,很少使用"V 的 O"。

　　杉村博文的分析富有启发性,但焦点指定型和原因解说型这一分类是否合理值得商榷。例如:

(5)　a.他受伤住院了,<u>是一辆汽车撞的</u>。
　　　b.小李要结婚了,<u>是他姐姐告诉我的</u>。
　　　c.他走了,<u>是在大家劝说之下离开的</u>。
　　　d.爷爷去世了,<u>是村里出钱给他办的后事</u>。
(6)　a.打架<u>是他先动的手</u>。
　　　b.买这件衣服<u>是我出的钱</u>。
　　　c.他<u>是因为车祸住的院</u>。
　　　d.我们<u>是为了孩子的教育搬的家</u>。

　　(5a)相当于原因解说,但(5b)显然不表示原因,(5c)表示焦点还是原因,其判断会因人而异,(5d)既不表示焦点,也不表示原因。(6a)(6b)属于焦点指定,但"V 的"并不承指先行动词,(6c)在句式上属于焦点指定,但在语义上表示原因。(6d)的焦点指向目的。

因此，我们认为"是……的"确实表示"承前"说明，但"V 的"并不一定"承指"。同时，这种承前说明在语义上既可以指向焦点，也可以指向原因，还可以指向其他方面。因此"焦点指定"和"原因说明"并非对立性功能，也不是"是……的"句功能的本质性差异。

前面提到，"是……的"句针对某一既定命题表示说明。因此，其句式功能是，谈话双方共同认可某一已然事件为一个真实命题，说话人在这一共识下就该命题事件的形成过程、或实施方式表示说明。

命题与事件的区别在于，命题的真实性并不直接取决于事件的真实性（实在性），而是取决于说话人的主观认知。即使某一事件实际发生了，如果说话人对命题的真实性（合理性）有怀疑时，一般也不用"是……的"句。

(7) 听说小李去上海了。
　— a. 他<u>怎么 / 什么时候</u>去的（上海）？
　— b. 他<u>怎么 / 什么时候</u>去上海了？（不会吧）

针对"小李去上海"这一命题，(7a) 认可命题为真，使用了"是……的"，而 (7b) 怀疑命题为真，不使用"是……的"。两个句子都使用疑问词"怎么 / 什么时候"，但因为看待命题的立场不同，形成了不同的句式。从逻辑上看，针对"小李去上海"这一命题，只有谈话双方认可命题为真时，才可能介入命题去讨论内部相关因素。一旦对命题有怀疑就不会介入命题，而是从外部去判断该命题的真伪性。因此，谈话双方共同认可既有命题的真实性是使用"是……的"的前提条件。

前面提到的例 (4)"准是奶奶送饭来了"之所以不能说成"送饭来的"，是因为"奶奶送饭来"是根据"高粱地里传来一阵悉悉嗦嗦的响声"这一场景推导出来的一个判断，这个判断是单方面的，其真实性尚未得到对方认可。同时在语义上，它也不表示"高粱地里传来……响声"的实现方式，因此不能使用"是……的"。

2. "是……的(一)"的功能特征

杨凯荣(2016)认为当一元动词作谓语时,在无其他任何环境格的情况下,其施事或当事一般不能用于"是……的"句。例如(以下例句引自杨凯荣2016):

(8) a. 谁走 / 死了?
　　b. ?(是)谁走 / 死的?

杨凯荣认为原因在于,"是……的"句的成立需要有一个施事或当事以外的论元或成分作为已知信息,如果没有可以补出的论元或成分则难以成立。

我们认为,"是……的"句的功能是在谈话双方认可某一事件命题为真的前提下,就该事件的形成过程(包括成因)或实施方式表示说明。这种形成过程或实施方式可以概括为广义的"实现方式",包括与行为有关的施事、受事、与事、工具、手段、方法、时间、场所等谓词论元成分,也包括引发事件的原因、目的等等。不过,这些因素能否用于"是……的"句,最终取决于它们是否表示实现方式。(8b)"谁"表示焦点,但不表示方式,如果改为"怎么"或"什么时候"的话,不论施事或当事是否为已知都能成立。

(9) a. 有人走了。
　　— b. *谁走的? → c. 谁走了?(焦点)
　　— d. 怎么 / 什么时候走的?(方式) → e. 怎么走了?(原因)
(10) a. 村里死了一个人。
　　— b. *谁死的? → c. 谁死了? (焦点)
　　— d. 怎么死的?(成因)
　　　　→ e. 怎么死了?(怀疑命题为真)

(9b)不成立。问主体（焦点）是谁只能使用(9c)，问方式可以使用(9d)的"是……的"，(9e)怀疑命题为真，不能用"是……的"。(10a)的"死"是瞬间动词，(10d)问方式实际等于问成因，也可以使用"是……的"，前提仍然是认可命题为真。(10e)也问原因，但对"死"感到意外（怀疑命题为真），不能用"是……的"。我们看到，上述句子的差异在于是否问方式，与是否含有已知成分无关。

下述例句也如此。

(11) a. 我上星期去了一趟日本，<u>是去出差</u>。

　　 → *是去出的差 / *是去出差的 / 是出差去的。

b. 我上星期去了一趟日本，<u>是去东京</u>。

　　 → ?是去的东京 / *是去东京的 [2])。

c. 我去了一趟日本，<u>是一个人去的</u>。

(11a)划线部分看似表示目的，实际是对"去日本"的内容注解。但可以说成"是出差去的（东京）"，这里的"出差"表示是以"出差"方式实现"去东京"的，可以成立。同样，(11b)表示内容注解时，也不用"是……的"。表示目的地说明时可以说"是去的东京"，将"东京"作为说明焦点，但不能说"是去东京的"，因为后者不提示焦点。(11c)是典型的实现方式，一般要使用"是……的"。

杨凯荣（2016）提到下述原来不成立的(12b)，在针对"床很脏"时能够成立。同样，当(13)"坐的"的受事为已知时，句子也能成立。

(12) a. 谁睡了？

b. *是谁睡的？

c. （看到床上很脏）怎么这么脏，谁睡的？

(13) a. 门口那辆奔驰轿车是谁坐的？

b. 这椅子是谁坐的？

第9章 表示实现方式的"是……的"句　209

　　我们认为，(12b)不成立是因为这个"谁"不表示"睡"的实现方式，而是焦点指称（睡的人是谁）。而(12c)能够成立，是因为这个"睡"是"床很脏"这一结果的致使行为，"谁睡的"指向"床很脏"的实现方式，即在造成"床很脏"这一结果上，"睡"是致使行为，"谁"是致使者。同样，(13)"坐的"表示"车"或"椅子"的归属（领有属性）时，仍不是"是……的"句，而是"的"字短语句。只有表示"脏了／坏了"等结果的致使（实现）方式时，才能成为"是……的"句。

　　(14) a. 这本书是谁的？
　　　　— b. 这本书是老舍的。
　　(15) a. 这本书是谁写的？
　　　　— b. 这本书是老舍写的。
　　(16) a. 这本书是谁弄脏的？
　　　　— b. 这本书是我弄脏的。

　　上述句子都相当于焦点指称。(14a)问"这本书"的归属，(14b)表示是老舍的作品（类属）或老舍的所有物（归属）。(15b)有两种解读，既可以表示老舍的作品（类属），也可以表示谁写的（方式）。前者是"的"字短语句，后者是"是……的"句。(16)表示某个结果（弄脏这本书）的实现方式，属于典型的"是……的"句。

　　我们认为，表示焦点指称并非"是……的"句的本质功能，而是表示实现方式时，在语境作用下凸显的语用功能。"是……的"句的基本功能是表示实现方式。因此，即使有些句子形态上构成了"是……的"结构，也不一定是"是……的（一）"。只有(16)这类表示实现方式的句子，才能成为"是……的（一）"。

　　木村英树（2003）认为表示原因的"为什么"一般不用于"是……的"句。杨凯荣（2016）认为，虽然"为什么"不可以，但表示原因的"因为"可以，原因在于"为什么"作为外状语具有事件性质（表示某个外因事件），因此不能进入"是……的"，而原因则可以与时间、场所、工具等一样，成为区分限定动作的某种基准。例如：

(17) a.?他为什么迟到的？（木村英树 2003）

b.?他昨天是为什么给我打的电话？（杨凯荣 2016）

c.他昨天是为了什么给我打的电话？（同上）

d.他是因为卷进了一次集体犯罪活动被拘留的。（同上）

我们认为，"为什么"和"因为"能否进入"是……的"也取决于是否表示实现方式，前提是谈话双方是否认可该事件命题为真。只要认可命题为真，"为什么"和"因为"都能作为方式或成因进入"是……的"句。相反，一旦怀疑命题的真实性，"为什么"便会指向整个命题的真伪性，将一个事件命题变为质疑命题真伪的判断命题，无法使用"是……的"。

(17a)(17b)的"为什么"对"迟到/打电话"等行为表示不解，相当于怀疑该命题的真实性，如果认可"迟到/打电话"命题为真[3]，那么"为什么"和"因为"都能用于"是……的"。

(18) a.你今天到底是为什么(/因为什么)迟到的？

b.你昨天是为什么(/为了什么)给我打的电话？

c.你应该知道我为什么(/因为什么)给你打的电话。

(18a)表示原因，(18b)表示目的。(18c)"为什么"为内嵌成分，默认"打电话"命题为真。上述原因或目的也属于一种广义上的实现方式（形成过程或成因）。

以下是实际例子，我们看到其中的"怎么""为什么"和"因为"都表示"坐下"的实现方式。

第9章 表示实现方式的"是……的"句 211

(19) 不知道在什么时候，他坐下了。若是他就是这么死去，就是
死后有知，他也不会记得自己是怎么坐下的，和为什么坐下
的。坐了五分钟，也许是一点钟，他不晓得。他也不知道他
是先坐下而后睡着，还是先睡着而后坐下的。大概他是先睡
着了而后坐下的，因为他的疲乏已经能使他立着睡去的。(老
舍:骆驼祥子)

综上所述，我们认为"是……的"表示承前说明，但并不恪守"先
了后的"原则，"V的"也不一定承指先行动词。从功能上看，"是……
的"句是基于说话人认可某一事件为真实命题的前提下，对该事件的
实现方式进行说明。尽管对方式的说明，有时会涉及动词论元以及时
间场所等因素，使其凸显为信息焦点，但属于语用层面的解读问题。
表示焦点指称本身并不是"是……的"句的本质性功能。同时，焦点
指称和原因解说也不是对立的，在表示实现方式上具有一致性。有些
看似表示焦点指称的用法，实际上也都表示方式或成因，实质上是对
某一结果的实现过程的说明。

除了谓词论元、以及时间场所等因素以外，动词本身也可以作为
实现方式而进入"是……的"句。例如:

(20) a. 这些萝卜都是偷的。
    b. 这个钱包是路上捡的。
    c. 眼睛近视是看书看的 4)。
    d. 祥子早就有点后悔，一听这个，更难过了。可是，继而一
      想，把三只活活的牲口卖给汤锅去挨刀，有点缺德;他和
      骆驼都是逃出来的，就都该活着。 (老舍:骆驼祥子)

(20a)"偷"是动词，表示"萝卜"的获取方式，也属于"是……
的"句。(20b)"路上捡"整体表示"钱包"的获取方式，其中的"路

上"并非陈述焦点。(20c)"看书看的"表示近视的成因。(20d)"逃出来"表示方式，相当于说"祥子和骆驼出来"是"逃"出来的。

由于"是……的"表示实现方式，因此在语义上，并非任意一个动词句都能用于"是……的"。哪些动词句可以，仍取决于是否表示实现方式。如下述划线部分也属于承前说明，但都不能用"是……的"。

(21) a.菜刚洗完，他听到门咚地合上了，还有三保险的门锁咋嚓的转动声。他明白<u>这是爱人将门反锁上了</u>。(刘醒龙：暮时课诵)

　　 b.有个人在汽车旁东瞧西望，<u>是在看看还有什么东西可以拿走</u>。看了一阵后才一个一个爬到拖拉机上，……(余华：十八岁出门远行)

上述划线部分也属于承前说明，但不表示方式，而是对命题内容的推导或注解。

同样，某些描述行为样态的成分也很难进入"是……的"句。

(22) a.她饿了，<u>肚子里咕噜咕噜地叫唤</u>（*的）。

　　 b.他哭了，<u>大声地哭</u>（*的）。

　　 c.她走了，<u>脚步匆忙地离开了</u>（／?的）这里。

划线部分也属于承前说明，但表示行为样态，这些行为样态缺少对行为的区分意义[5]，且不能左右行为结果时，一般不用于"是……的"。不过，如果行为状态具有区分意义，且能左右行为结果，就可以作为实现方式进入"是……的"句。

(23) a.这几件衣服，<u>我是尽量挑便宜的买的</u>。

　　 b.那一段路，<u>他是提心吊胆地走过来的</u>。

第 9 章 表示实现方式的"是……的"句　213

　c. 这些钱是他一分一分地攒下的。

　d. 小李的儿子第一天上幼儿园，早上是高高兴兴地走的，晚上却垂头丧气地回来了(／*的)。

　(23a)(23b)(23c)划线部分具有区分意义，表示这些行为是通过这种方式才得以实现的。(23d)的"高高兴兴"和"抽头丧气"都属于行为方式，但前者以"上幼儿园"这一命题真实性为前提，后者违反命题预设，表示意外（反预期）变化，因此不用"是……的"。不过，如果说话人不预设立场，而是中立地说明方式时，后者也能用于"是……的"，如"早上是高高兴兴地走的，晚上是垂头丧气地回来的"。

　下述划线部分也属于行为状态，但可以用于实现方式。

　(24) a. "是出差来的，还是特地来的?"何荆夫问我，盯住我看。一下子说不清楚啊！我是出差来的，又是特地来的，也可以说是偷着来的。　　（戴厚英：人啊，人！）

　　b. 然后那蓝色渐渐黑下去，同时从那一层苍白里慢慢渗出。天就是这样黑下来的。天空全黑后他仍在阳台上站着，他看到对面那幢楼房只有四个窗口亮起了灯光。　（余华：四月三日事件）

　　c. 通过手的摸索，他发现四周还钉了四颗。所钉的高度刚好是他耳朵凑上去时的高度。门是在这个时候突然打开的，一片明亮像浪涛一样涌了上来,让他头晕眼花。　（余华：四月三日事件）

　　d. 现在他可以肯定白雪就在那里。她是刚才在汉生响亮地叫了一声时躲藏起来的，汉生的叫声掩盖了她的关门声。（余华：四月三日事件）

　以下是表示目的或原因的例子，相当于对行为过程的说明。

(25) a. 你不敢回答，我替你说吧！你是不是图这家伙有钱才嫁给他的？没钱，谁要这么个矮子！（冯骥才：高女人和她的矮丈夫）

b. 苦根是吃豆子撑死的，这孩子不是嘴馋，是我家太穷，村里谁家的孩子都过得比苦根好，就是豆子，苦根也是难得能吃上。我是老昏了头，给苦根煮了这么多豆子，我老得又笨又蠢，害死了苦根。　（余华：活着）

c. 我女人家珍当然知道我在城里这些花花绿绿的事，家珍是个好女人，我这辈子能娶上这么一个贤惠的女人，是我前世做狗吠叫了一辈子换来的。家珍对我从来都是逆来顺受，我在外面胡闹，她只是在心里打鼓，从不说我什么，和我娘一样。　（余华：活着）

d. 他躺在太师椅里动都没动，我也就不指望他泡壶茶给我喝。我坐下后龙二说："福贵，你是来找我借钱的吧？"　（余华：活着）

以下是动词表示方式的例子，这些动词都不属于"承指"。

(26) a. 长根那天走后，还来过一次，那次他给凤霞带来一根扎头发的红绸，是他捡来的，洗干净后放在胸口专门来送给凤霞。长根那次走后，我就再没有见到他了。（余华：活着）

b. 二喜哭得声音都哑了，走一段他说："爹，我走不动了。"我让他把凤霞给我，他不肯，又走了几步他蹲了下去，说："爹，我腰疼得不行了。"那是哭的，把腰哭疼了。　（余华：活着）

c. 他好像听到了亚洲的声音，那声音是飘过来的。好像亚洲是站在窗外说的。然后他却实实在在地看到亚洲就站在眼前，他不由吃了一惊。　（余华：四月三日事件）

第 9 章 表示实现方式的"是……的"句　215

　　上述"是……的"很难区分究竟表示焦点指称还是原因解说，但都属于典范用法。因此，我们认为焦点指称虽然可以用于"是……的"句，但并不意味着"是……的"句的功能是焦点指称，更不意味着只要表示焦点指称就能用于"是……的"句。所谓焦点指称只是实现方式在特定语境下凸显的语用功能。除了焦点指称以外，"是……的"句还表示行为的过程或方式等，其中也包括原因和目的，但都要在认可命题为真的前提下，作为事件的实现方式来使用。如果怀疑命题为真，原因就会指向命题的真伪判断，将一个事件命题转为一个判断命题，无法用于"是……的"句。

　　"是……的"的"V 的"通常指向命题事件的核心部分。但如上所述，有些"V 的"并不指代命题核心，也可以表示方式。由于"是……的"的说明对象不限于单一行为，有时会涉及数个行为构成的一个更大范围的关联事件，如"他住院了"这一事件涉及的范围，除了施事、受事、方法、时间和场所外，也会涉及原因或外部条件等，因此，这些因素都可能作为实现方式而进入"是……的"句。

（27）　a. 听说小李住院了。

　　— b. 他是昨晚住的院。

　　— c. 他是因为车祸住的院。

　　— d. 是小张送他去的医院。

　　— e. 他是半夜被救护车拉去的。

　　— f. 听说是汽车撞伤的。

　　— g. 我是听小王说的。

　　（27b）（27c）（27d）相当于焦点指称，但实际表示方式。（27e）是狭义的方式，（27f）是成因。（27g）说明信息来源，相当于信息获得方式。

　　这里提到的"方式"是广义的，包括狭义的方式、方法，也包括与行为有关的施事、受事、与事、工具、时间、场所等论元成分，同时也包括原因和目的。"方式"的核心意义是表示某个命题事件是如何实现（形成）的。

因此，我们把"是……的"句的功能简单概括为："是……的"句针对某个取得谈话双方共识的已然事件（既定命题）表示承前说明，其语用前提是说话人认可该命题为真，其功能是表示该事件（结果）的实现方式。

3. "是……的（一）"的句式结构

表示承前说明是包括"是……的"句在内的"是"字句所具有的普遍性功能。同时，承前说明针对的对象也不限于已然事件，还可以是未然、或将然事件。

(28) a. 他昨天做了手术，<u>是张大夫做的</u>。
　　 b. 他明天要做手术，<u>是张大夫做</u>。
(29) a. 他上了四年大学，<u>听说是学的历史</u>。
　　 b. 他今年要上大学，<u>听说是学历史</u>。
(30) a. 我上星期去了一趟上海，<u>是坐飞机去的</u>。
　　 b. 我下星期去上海，<u>是坐飞机去</u>。

一般地说，使用"是"字句来表示承前说明是汉语的一个普遍现象，也是英语或日语等其他语言中可以观察到的现象。如英语的分裂句和日语的「のだ」句都借助了判断句式。不过，在句式结构上，不同的语言里会形成不同的句式结构。在汉语里，针对已然事件使用"是……的"，针对未然、或将然事件使用"是"。由于后者的"是"部分地失去了动词功能，可以省略，因此造成针对未然、或将然事件的承前说明没有形成"是……的"这种相对固化的句式。

那么，接下来的问题是，"是……的"为什么用于已然事件，其已

第 9 章 表示实现方式的"是……的"句　217

然义是否来自对先行事件的承前或承指。

3.1. "V 的 O"的结构特征

　　"是……的"句的优势结构是"V 的 O"。在汉语里,"V 的 O"作为一个定中结构表示多种语义关系。其中的 V 既可以表示事物属性(性质或用途),也可以表示成因(起因或过程),从而使"V 的 O"在表示已然和未然上会形成不同的语义倾向。一般地说,表示性质或用途时具有非已然倾向,表示成因或结果时有已然倾向。

　　(31) a.吃的药 (性质或用途)
　　　　→ b.饭后吃的药。(非已然)
　　(32) a.熬的药 (过程或结果)
　　　　→ b.用砂锅熬的药。(已然)

　　(31)"V 的"表示"药"的性质或用途,一般语境下倾向于未然。(32)"V 的"表示结果,一般语境下倾向于已然。这种差异在实际句子中可以借助语境来判断。

　　(33) a.这本书是干什么用的?
　　　　— b.孩子路上看的。　(用途="的"字短语句)
　　　　c.这本书怎么这么脏?
　　　　— d.孩子路上看的。　(结果="是……的"句)

　　(33b)为未然,(33d)为已然。句式虽然同构,但语义关系不同。

　　有些研究认为"V 的"的已然性源于"是……的"是针对已然事件表示说明的用法。我们认为,这不是直接原因,"是……的"的"VP 的"具有已然义实际上是一种选择的结果。

　　我们看到,"V 的 O"相当于定中结构,在这一结构中,当 O 为行为结果时，不论是否用于"是……的"句，"V 的"都具有已然倾向。杨凯荣（1997）和小野秀樹（2001）曾就"VP 的 N"表示未然或已然的原因做过分析，指出在"VP 的 N"这一结构中，当 N 为受事，VP 表示个别或特指的结果行为时具有很强的已然倾向。我们看到，这一倾向与"是……的"的句式语义是吻合的。因此，"是……的"句和"V 的 O"实际上是一种双向选择关系，即"V 的 O"表示已然，所以能进入"是……的"句，如果"V 的 O"不表示已然，便构成"是"字句。同样，"是……的"句表示实现方式，如果"V 的 O"表示已然，但不表示方式，也不能进入"是……的"句。例如：

(34) a. 这本书是谁看的？
— b. 这本书是我看的。 （方式 / 用途）
(35) a. 这本书是谁写的？
— b. 这本书是老舍写的。（方式 / 类属）
(36) a. 这本书是谁弄脏的？
— b. 这本书是我弄脏的。（方式）

(34)"V 的"有歧义，表示结果为已然，表示用途为非已然。前者是"是……的"句，后者是"是"字句。(35)"V 的"在短语层面表示已然，但在句子层面有歧义，表示实现方式时是"是……的"句，表示"书"的类属（老舍的作品）时是"是"字句。(36)不涉及"书"的属性，只表示某个结果的成因，成为典型的"是……的"句。因此，尽管"V 的"表示结果时通常伴有已然义，但仅此还不足以判断其所在句式是否为"是……的"句，最终还要看它是否表示方式。

由于"是……的"句用于已然事件，因此有些先行研究认为"的"是体标记。实际上，"是……的"句是把动词句的语义关系放到名词判断句这一句式平台上来进行说明或梳理，因此"的"不是体标记，名词判断句中也不该出现体范畴。

还有一些研究认为"的"是语气助词，我们认为"是……的(二)"的"的"可以转为情态（语气）词，但"是……的(一)"的"的"依然是结构助词，且保留了指称义。要将"V的O"的"的"解释为语气词，需要重建汉语语法体系。实际上，"是……的"表示的语气源于这一句式功能，而非"的"字。

李讷，安珊笛，张伯江(1998)、小野秀樹(2001)、木村英樹(2003)、袁毓林（2003）都谈到了"是……的"句的说明对象从事物属性转向行为属性的语义演变问题，但并未说明这种语义演变是如何实现的，以及"是……的"句为什么大多采用"V的O"结构。

我们认为，"V的O"继承了"的"字短语的定中结构，"V的"相当于定语修饰语。当V为结果（致使）行为时，O为结果事物（包括行为结果或受影响对象等）。当"V的O"的V和O为已知时，陈述焦点会从O转移到V的修饰语，即行为方式上。从而实现从行为结果的说明转向行为方式（结果形成过程）的说明，即从表示"如何实现的行为结果（怎样 VP 的 NP）"转而表示"如何实现的行为方式（怎样 VP 的）"，最终形成了句式上固化的"是……的"句。

"是……的"句作为衍生句式虽然有其特化的句式功能，但由于继承了"V的O"这一定中结构，因此在语义和结构上，仍会受到定中结构的某些制约。

(37) a. 这本书是谁弄脏的？
 — b. (是)我 / *我弄脏 / 我弄脏的。

(37b)可以提取信息焦点来回答，但一旦出现动词，一定要用"V的"来保持定语结构。另外，

(38) a. 我是跟朋友<u>去的上海</u>。
 b. 我是跟朋友<u>去的旅行</u>。 → c. 我是跟朋友<u>去旅行的</u>。

(39) a. 走长路走得很累。

b. *是因为走长路走的累。 → c. 是因为走长路走累的。

(40) a. 她来日本来了三次。

b. *她来日本是来的三次。

(41) a. 你什么时候见过小李?

b. *你是什么时候见过的小李?

(42) a. 我是上午看见小李买东西的。

b. *我是上午看见的小李买东西。

(38a)"去的上海"作为定中结构可以成立。(38b)是连动结构,不能构成定中结构,要说成(38c)。(39a)"走得很累"虽然可以插入"de",但(39b)不成立,因为动补结构不能直接转为定中结构。(40b)的"三次"不表示单一行为的实现方式,且表示次数的"一趟、两回、三次"也很少构成定中结构,说成"去的一趟"等。(41a)"见过小李"的"过"表示经验时很少用于定中结构。(42a)"小李买东西"是主谓短语,一般也不说"看见的小李买东西"。

此外,由于"V 的 0"在语义上通常要求 0 为 V 的受事,如果 0 不是受事,有时也会不自然。

(43) a. 这件事是谁告诉老师的?

b. ?这件事是谁告诉的老师?

(44) a. 是妈妈给的钱 / 我。

b. ?钱是妈妈给的我。 → c. 钱是妈妈给我的。

(43a)"谁告诉老师"的"老师"为与事,一般使用"V0 的"。(44a)"给的钱 / 给的我"都能成立,后者实际将"我"视为受事。但"钱"置于句首时,"我"凸显为与事,与"V 的 0"的指称义不一致,所以(44b)不自然,一般要说成(44c)。

第 9 章 表示实现方式的"是……的"句　221

从上述例子可以看出,"V 的 O"和"VO 的"仍受到原有"的"字短语的语义约束,保留了定中结构的某些特征。其中"V 的 O"的"的"出现的位置与定中结构中的位置趋于一致。因此,我们认为,"是……的"的"V 的 O"在结构和语义上继承了定中结构,其中的"的"是结构助词,不能随便移位。因此,有关"的"的移位说也不成立。

3.2."V 的 O"的功能特征

在"V 的 O"这一结构中,"V 的"与 O 之间属于修饰与被修饰的关系。"V 的"表示 O 的识别属性或角色定位,在语义上构成"属性 de 个体"或"角色 de 值"关系,这一关系能用于以下两种不同的句式。

(45) a. 老舍写的是《骆驼祥子》。　（指别句）
　　　b.《骆驼祥子》是老舍写的。　（识别句）

从语义看,(45a)"V 的（老舍写的）"相当于一个角色函数,"O（《骆驼祥子》）"相当于值,整个句子表示指别。相反,(45b)的 O 表示个体,"V 的"表示其识别属性,整个句子表示定位或识别。

表示指别的(45a)相当于分裂句。在汉语里,动词句转为分裂句时会构成以下句式。

(46) a. 老舍写的是《骆驼祥子》。
　　　b. 写《骆驼祥子》的是老舍。
　　　c. *老舍写《骆驼祥子》的是 1936 年。
　　　→ d. 老舍写《骆驼祥子》是 1936 年。
　　　e. *老舍写《骆驼祥子》的是在北京。
　　　→ f. 老舍写《骆驼祥子》是在北京。

上述句中"SV 的"转指受事,"VO 的"转指施事（包括工具）或与事，如果指向时间、场所等非必要论元时一般不用"的"。这意味着"V 的"指代动词必要论元，而指代时间、场所等非必要论元时一般不用"V 的"。

相反，(45b)这类识别句的谓语部分一般都使用"是 V 的"。

(47) a.《骆驼祥子》是老舍写的。

　　 b.《骆驼祥子》是（老舍）1936 年写的。

　　 c.《骆驼祥子》是（老舍）在北京写的。

(48) a. 老舍是写《骆驼祥子》的。

　　 b. 老舍是 1936 年写（《骆驼祥子》）的。

　　 c. 老舍是在北京写（《骆驼祥子》）的。

(47)以受事为主语，构成"V 的 O"，(48)以施事为主语，构成"VO 的"。这两类句式的谓语都使用"V 的"形式，因此一般解释为同一句式，但实际在转指义上是有区别的。

我们认为，"是……的"句从句式功能看属于识别句，它是从"S(是) 怎么 VP 的 NP"这类"是"字句扩展而来的衍生句式。

典型的识别句功能说明某一物体是什么（东西）、或具有什么识别属性。

(49) a. 这（手中的物体）是什么？

　 — b. 这是铅笔。

(50) a. 这本书是老舍写的。

　　 b. 那碗饺子是中午吃的。

(49)是典型的识别句，主语"这"指向实体，宾语问它是什么（东西）。这种说明不同于一般的属性陈述，而是赋予该个体以区别于其他个体的定位坐标或识别属性。(50a)"老舍写的"可以表示这本书是谁的作品，也可以表示这本书是谁写的，都可以构成识别说明。同样，(50b)"中午吃的"用于未然时表示用途，用于已然时表示方式。不论哪种，都是对"那碗饺子"的识别说明。这个"中午吃的"不是"饺子"的类属属性，而是区别于其他个体的识别属性。

"V的"这种定语结构用于识别说明是一个普遍现象，类似的现象不仅见于汉语，也见于英语和日语，如英语的分裂句和日语的「のだ」句都是通过修饰语与被修饰语之间的关系来实现的，而且也都表示某一个体的识别属性。

(51) a. It was John <u>who came to my home yesterday.</u>

b. John was the person <u>who came to my home yesterday.</u>

(52) a. <u>昨日我が家に来た</u>のはジョンだ。

b. ジョンは<u>昨日我が家に来た</u>のだ。

(53) a. <u>昨天来我家</u>的是约翰。

b. 约翰是<u>昨天来我家</u>的。

c. 约翰是<u>昨天来</u>的我家。

上述 a 类句表示指别，b 类句表示识别。划线部分相当于定语修饰语。其中，(53b)"V 的（来我家）"为已知信息时，陈述焦点指向"昨天"，从对"约翰"的识别转为对"来我家"的方式识别。(53c)则是将这种语义关系固化下来的"是……的"句。

不过，(53b)"VO 的"和(53c)"V 的 O"的区别不是通过"的"的移位来实现的，促成"V 的 O"成为"是……的"句的优势结构，显然还有其他形成机制。

前面提到，朱德熙（1978）将"的"字短语句分为以下五种类型。

(54) S₁：M＋是＋DJ 的 （小王是昨天来的）

S₂：DJ 的＋是 M （昨天来的是小王）

S₃：是＋M＋DJ 的（是我请小王来的）

S₄：是＋DJ 的＋M（是我开的门）

S₅：(DJ 的)₁＋是＋(DJ 的)₂（他拿的是人家挑剩下的）

　　朱德熙认为这五种句式相互关联，有些句式之间具有平行变换关系，但都属于名词性判断句。

　　我们看到，"DJ 的"（以下记作"VO 的"或"SV 的"）作为修饰语在句子中主要承担以下三个功能。

(55) a. VO 的 S　　（定语：昨天来我家的小王）

　　　b. VO 的是 S。（主语：昨天来我家的是小王 ＝指别）

　　　c. S 是 VO 的。（宾语：小王是昨天来我家的 ＝识别）

(56) a. SV 的 O　　（定语：我请来的小王）

　　　b. SV 的是 O。（主语：我请来的是小王 ＝指别）

　　　c. O 是 SV 的。（宾语：小王是我请来的 ＝识别）

(55)"V(O) 的"不论充任什么成分，在语义上都指向潜主语（主格），与 S 同格。同样，(56)"SV 的"在语义上指向潜宾语（宾格），与 O 同格。朱德熙还指出，

(57) a. 小王是第一个跳下水去的。　（"V 的"表示陈述）

　　　b. 第一个跳下水去的是小王。　（"V 的"表示指称）

　　(57a) 是对"小王"的性质陈述，即"小王"是"第一个跳下水去的"那样的人；(57b) 表示等同，确认"第一个跳下水去的人"和"小王"之间的同一性。其中，"小王"是指称形式，"第一个跳下水去的"是分析形式，"在汉语里凡是指称形式在前、分析形式在后的判断句总是表示分类，分析形式在前、指称形式在后的总是表示等同"。

第 9 章 表示实现方式的"是……的"句　225

　　我们认为(57a)的指称对象与"V 的"之间如果表示成素与类的关系时，确实表示"分类"，但在"V 的"表示识别属性时则表示个体识别。"分类"属于类属或类别说明，而识别是针对个体的定位说明。这两种不同的功能有时会影响句子的语义关系。

(58) a. 跳下水的是小王。　　(S₂)

　　 b. ?小王是跳下水的。　　(S₁)

　→ c. 小王是<u>第一个</u>跳下水的。　(S₁)

　　(58a)"跳下水的"位于主语时表示指称，但用于(58b)宾语时不成立，因为在这个语境下"跳下水的"缺少识别意义，只有加入"第一个"以区别于其他个体时才能成立。

　　"第一个跳下水的"表示"小王"的识别属性，当"小王"和"跳下水"为已知信息时，"第一个"凸显为陈述焦点，转而表示"跳下水"的实现方式，从而具备了从"个体识别"转向"行为方式识别"的可能性。这种转变是借用"V 的"这一定语结构来实现的。只有"V 的"位于宾语位置时，才能将针对 NP 的识别转为对行为方式的识别，进而实现从表示"如何实现的事物（结果）"到表示"如何实现的行为"。它也决定了"是……的"句的结构以及功能上的某些特征。

　　由于"是……的"源于识别句，因此对进入"V 的"的成分必然会有相应的语义约束，即要求该成分应具有积极的识别意义。

(59) a 小王是<u>第一个 / 先 / 后 / 最后</u>跳下水的。

　　 b. 小王是<u>勇敢 / ?愉快 / ?匆忙 / *犹豫</u>地跳下水的。

　　(59a)表示行为的实现顺序，具有区别于其他个体的识别意义。而(59b)表示行为样态，缺少区别于其他个体的识别意义，因此很难成立。这也是表示行为样态的成分较少用于"是……的"的原因之一。

从这个意义说，"V的"相当于表示识别的定语结构，能否形成这一定语结构也是进入"是……的"的条件之一。例如：

(60) a. 我快走几步追上了她。

　　 b. ?我是快走几步追上的她。→ c. 追上她的

(61) a. 他们在东京住了 10 年。

　　 b. ?他们是在东京住的 10 年。→ c. *住 10 年的

(62) a. 小王有一天来我家了。

　　 b. *小王是有一天来的我家。 → c. ?来我家的

(63) a. 我感冒了，不停地咳嗽。

　　 b. *我感冒了，不停地咳嗽的。

(60b)"她"作为人称词很少用于中心词构成"V 的 O"，但可以构成(60c)"VO 的"进入"是……的"句。(61a)"10 年"、(62a)"有一天"和(63a)"不停地"等很难构成稳定的定中结构，因此也很难进入"是……的"句。

从上述例子可以看出，能够进入"V 的"的成分不在于是否说明 V，而在于是否说明"V 的"。换句话说，是否进入"是……的"不取决于是否能做状语，而是取决于是否能做定语。因此，我们认为，"是……的"的"V 的"继承了定语结构的某些特征，在语义和结构上对修饰"V 的"的成分有相应的语义约束，并非任意一个动词句只要加上"是……的"就能成句的。

4. "是……的（一）"的句式功能

4.1. "是……的（一）"的形成机制

"是……的"句有"V 的 O"和"VO 的"两种格式，其中的"V 的 O"占优势。由于"V 的 O"在句式表层会形成非逻辑性结构，成为关

第 9 章 表示实现方式的 "是……的" 句　**227**

注的热点。

朱德熙将例这类句式（即 S4 "是我开的门"）解释为 "是＋V 的＋M"，认为 S4 和 S3 的差别在于 "V 的" 和 M 换了位置，S3（是我＋开门的）是主语 "V 的" 后置的主谓句，而 S4（是我开的门）是主语 M 后置的主谓句。S4 如果把主语提到句首，就变成了 "M＋是＋V 的（门是我开的）"，相当于 S1。因此，S4 和 S1 之间存在着句式上的变换关系。

(64) a. 门是我开的。（S1）
　　　b. 是我开的门。（S4）

按照朱德熙的观点，S4 里的 M（门）是 V 的潜宾语，所以 M 和 "V 的" 同属宾格，且 V 必须是二价以上动词。在这类句中，当 P＝1 时，可以在句首安上一个主语（以下例句引自朱德熙 1978）。

(65) a.（我）是昨天买的票。　　（n＝2，m＝1，p＝1）
　　　b.（我）是星期天去的颐和园。　（同上）
　　　c.（我）是用凉水洗的脸。（n＝3，m＝2，p＝1）
　　　d.（李大夫）是给我开的药方。　（同上）
　　　e.（这批工人）是学校发的工资。（同上）

当 P＝2 时，句子有歧义，可以在句首补出两种不同类型的主语。

(66) a.（学校）是昨天发的工资。　（学校＝潜主语）
　　　b.（我）是昨天发的工资。　　（我＝潜间接宾语）

补出主语后的句式相当于 "M1＋是＋V 的＋M2"，实际上是以 S4 为谓语的主谓句，可以概括为 "M＋S4"。由于 S4 实际是主语后置的主谓句，因此谓语部分的 "V 的" 和句首的 M1 不发生直接的结构关系。这种结构因为和"V 的"做修饰语的偏正结构同形，所以会有歧义。如"他是去年生的小孩儿"的"他"可以理解为小孩儿，也可以理解为小孩儿的母亲，前者是名词性偏正结构，后者是 M＋S₄。

(67) a. 他是去年生的小孩儿。
→ b. 他是去年生的小孩儿。
→ c. 他，小孩儿是去年生的。

(67a)和(67c)确实语义相近。不过，朱德熙没有说明 S₄这种"主语后置"在句法上是如何实现的。

袁毓林（2003）将"是……的"句视为一种事态句(state-offairs sentences)，表示对某个事件的状态或属性说明。袁毓林认为"的"字短语"VP 的"既可以局部性地转指 VP 中缺位的论元成分，也可以全局性地转指由 VP 造成的事态或属性。当"VP 的"的 VP 中没有句法空位时，这种"的"字短语就是全局性转指"VP 的"。比如"小王昨天晚上来的"就是转指"小王昨天晚上来"这种事态或属性的。它可以修饰"事儿"等名词，形成偏正结构"小王昨天晚上来的事儿"。这种全局性的转指（也称为自指）的"VP 的"具有述谓功能，可以单独作谓语，也可以作判断动词"是"的宾语。

但我们认为，从汉语的句法结构看，动词短语（或动词句）表示自指时一般不用"的"。而且，袁毓林也没有说明为什么会出现"V 的 O"和"VO 的"这两种不同格式，以及为什么不是"VO 的"，而是"V 的 O"占优势。另外，前面也提到，实际上并非任意一个事件句都可以直接转为事态句的，所以，显然还需要有其他条件。

木村英树（2003）认为"你在哪儿买的车?"和"你什么时候来的?"在语义和句法层面具有共同特征，应该视为同一种句式。这类句中的"是"因为不是肯定句的必要成分，因此可以去掉"是"而直接称为"的"字句。木村英树认为"的"具有"对行为动作加以区分性限制"

的功能，这种功能可以理解为是从结构助词"的"所具有的"对事物加以区分性限制"这一语义功能扩展出来的，是对已然行为动作加以区分性限制的语法标记。"的"字句以特定的已然行为动作为对象，用与行为动作相关的参与项为标准加以区分性限制，以认定其行为动作的属性。如"我的车"是以名词性结构来认定事物属性的形式，而"在西单买的车"是以动词性结构来认定行为动作属性的形式。这里的"买的车"不是作为名词短语，而是作为动词短语来充当区分性限制的对象。因此"在哪儿买的车"相当于在动词句"在哪儿买车"的基础上，仿照"我的车"而通过插入"的"后形成的格式。

木村英树的分析很有解释力，但仍然没有说明"的"的位置为什么会不同，以及哪些动词短语可以进入"是……的"句。

沈家煊(2008)提出了"糅合类推"的观点。

(68) 他是昨天出的医院。
　　 a. 这是昨天出的病人　b. 他是昨天出的病人
　　 x. 这是昨天出的医院　y.（一）　←　xb 他是昨天出的医院

句中的 y 是仿照 b 类推出来的，实际的过程是 b 和 x 二者的糅合，糅合的产物填入 y 的位置，就形成了一个完整的"横向相关、竖向相似"的方阵。

沈家煊认为，类推的动因是说话人要表达一种新的意思，而通过类推糅合得到的简洁形式正好能够表达这种新的意思。它体现了说话人的一种移情和主观认同。如下述 a 和 b 在句式语义上总体是一致的。

(69) a. 他是去年生的孩子。
　　 b. 他是美国太太（，我是日本太太）。

(69a) 和 (69b) 在句法和语义类型上是一致的，主语和谓语关系松散，"去年生的"修饰"孩子"，跟"日本"修饰"太太"一样，都表达一种主观认同。在客观上，"他"不是"孩子"跟"我"不是"太太"是一样的。但说话人主观上可以将"我"和"日本太太"等同起来，同样，也可以将"他"和"去年生的孩子"等同起来。因此，上述两个句子都属于"主观认同"句。

沈家煊认为在类推糅合中，"移情"（empathy），即"说话人将自己认同于……他用句子所描写的事件或状态中的一个参与者"（kuno，1987）是一个重要动因。"我是日本太太"是说话人"我"直接移情于自己的太太，把"自己"和"太太"等同起来。同样，通过糅合也可以将下述句中的"他"和"去年生的孩子"等同起来，以表达一种主观认同感，"他，孩子是去年生的"这种说法则表示孩子是孩子，他是他。

（70）他是去年生的孩子。
　　　　a. 这是去年生的父亲　　b. 他是去年生的父亲
　　　　x. 这是去年生的孩子　　y.（—）← xb. 他是去年生的孩子

沈家煊的"类推糅合"也有很强的解释力，它可以说明汉语的主谓语之间并不完全基于逻辑语义关系，而是基于一种更为松散的说明与被说明的关系。

龙海平等（2011）认为汉语的"N1 是 AV 的 N2（我是昨天买的票）"是在宋元时期就形成的偏指称判断句（deferred quatives）。所谓"偏指称判断句"相当于沈家煊的"他是美国太太"这类判断句。这类句式是以 N1 为话题，运用焦点结构"是 A"来表达复杂结构"V 的 N2"完成方式的凸显句。在这类句式中，N2 不再是"AV 的 N2"结构的中心词，而是形成了"S 是 AV 的 O"这种新句式。这类句式不同于一般的语法句，是一种依赖具体语境来支撑的"语境句"。

我们基本同意龙海平的"语境句"提法，但同时认为，句首成分

第 9 章 表示实现方式的"是……的"句　231

N₁不一定代表话题。另外，"是……的"句也不应限于单句范围，而应放到一个更大的句群范围来考虑。

4.2. "V 的 O"与"VO 的"的指称义

首先，我们基本同意朱德熙的观点，即"V 的 O"和"VO 的"的形成与"的"字结构有关，"是……的"继承并扩展了"的"字短语句的结构和功能，"V 的 O"和"VO 的"保留了指称（转指）义。

(71) a. （小李）是昨天买这本书的。
　　　b. （小李）是昨天买的这本书。

上述"VO 的"和"V 的 O"虽然都可以成立，但由于转指义不同，"V 的 O"指向受事，"VO 的"指向施事，因此在使用中会出现差异。

(72) a. 小李来学校了，<u>是昨天来(学校)的</u>。　　（VO 的）
　　　b. 小李来学校了，<u>是昨天来的(学校)</u>。　　（V 的 O）
(73) a. 小李买了一本书，<u>是昨天买的(书)</u>。　　（V 的 O）
　　　b. 小李买了一本书，*<u>是昨天买(书)的</u>。　　（*VO 的）

(72a)"VO 的"转指施事。这个句子有两种解读，可以解读为"（他）是昨天来学校的（人）"，也可以解读为是"是昨天来学校的"，前者是对小李的识别，后者是对来学校方式的识别。由于"昨天"一般不构成对人的识别，所以一般会转为对行为的识别。(72b)"V 的 O"指向受事。可以解读为"（学校）是昨天来的学校"，由于"昨天"也很少构成对学校的识别，所以也转为对"来学校"的方式识别。

(73a)"V 的(O)"转指"书"。虽然"昨天买的书"的"书"为冗余，但在句法上可以成立。这个句子也有两种解读，即"书"的属性识别和"买书"的方式识别，在(73a)语境下一般解读为后者。(73b)

"VO 的"转指施事，尽管"VO 的"本身可以表示方式，但针对"书"进行说明时，"买书的"无法指代"书"，因此不成立。(73b)即使插入"他(＝小李)"说成"小李买了一本书，他是昨天买书的"也不自然。

我们认为，在"是……的"这一句式中，针对施事的说明既可以接受"VO 的"，也可以接受"V 的 O"（实际上指代事件），但针对受事的说明一般只接受"V 的 O"。这与"V 的 O"的转指义有关。

在汉语里，针对先行句表示承前说明时，普遍带有针对宾语的倾向，这与先行句中宾语代表新信息和陈述焦点有关。因此，使用"是……的"进行承前说明时，尽管施事和受事在逻辑上都有可能放到句首、或在说话人意识中用于指代先行事件，但受事显然更占优势。

(74) a.有一天你往北京打电话，<u>给谁打的</u>，是不是给"三家村"打的？ （冯骥才:高女人和她的矮丈夫）

　　→ ＊给谁打电话的（VO 的）／给谁打的电话（V 的 O）

b.当然.也还说了四、五句别的寒暄的话,但<u>都是站在门口说的</u>。随后，在"再见"声中，许明辉把门闭上了。 （王朔文集）

　　→ ＊站在门口说话的（VO 的）／站在门口说的话（V 的 O）

上述划线部分"V 的"在语义上只能指向受事。说明指代受事的"V 的 O"在承前说明句式中成为优势句式不是偶然的。

另外，"是……的"使用"V 的 O"显然也与下述句式有关。在汉语里，针对某个事件进行方式说明时，有时会使用"SVO"结构，如果是针对已然事件进行说明时，一般会构成"SV 的 O形式。

(75) a.小李去上海，是妈妈出钱。

b.你看病，是我花钱。

c.你们结婚，(是)我做媒。

第9章 表示实现方式的"是……的"句　233

(75a)在"小李去上海"这一事件上，实现方式是"是妈妈出钱"。
这类句子用于未然事件时使用"SVO"，用于已然事件时会构成下述"SV
的O"形式。

(76) a.小李去上海，<u>是妈妈出的钱</u>。　（→　是妈妈的钱）
　　　b.你看病，<u>是我花的钱</u>。　　　（→　是我的钱）
　　　c.你们结婚，<u>是我做的媒</u>。　　（→　？）

(76)"SV的O"是否为"是……的"会有争议。因为有些"SV的
O"可以去掉动词V而改为"S的O"。但如果加入动词的话，只能构成
"V的O"，而不会是"VO的"。这是由于其说明焦点"钱"属于受事。
从语义看，划线部分也都表示实现方式，且(76a)可以置换为下述句式。

(77) a.小李去上海，<u>钱是妈妈出的(钱)</u>。　（*出钱的）
　　　b.去上海的钱，<u>小李是妈妈出的(钱)</u>。（*出钱的）
　　　c.去上海，小李<u>是妈妈出的钱</u>。　　（*出钱的）
　　　d.小李去上海，?妈妈<u>是出钱的</u>。　（?出的钱）

上述划线部分中，受事（钱）置于主语位置时并不改变语义，"钱
是妈妈出的"与前面(76a)"是妈妈出的钱"中的"V的"同格，都指
向宾格（受事），且去掉"V的"说成"钱是妈妈的"或"是妈妈的钱"
也能成立。

(77b)以"去上海的钱"为话题，划线部分的"小李"在语义上与
"V的O(出的钱)"或"VO的(出钱的)"的指称义不一致，实际上是作
为事件领有者来表示说明的范围。(77c)以"去上海"为话题，"小李"
同样作为事件领有者表示说明范围。这两个句子都只能使用"V的O"。

(77d)划线部分用了"VO的"，转指施事，相当于对"妈妈"的识
别说明。这个句子表示"妈妈"在事件中的角色，在语义上虽然成立，

但对于事件实现方式来说属于一种间接说明，在语义上有明显差异。

我们看到，（76）是以事件为话题的主谓谓语句，话题与划线部分在语义上形成〈话题-说明〉关系。划线部分的主语作为事件领有者提示说明范围，与谓语部分不发生直接关系。我们还看到，在针对事件话题进行说明时，"V 的 O"一般构成直接性说明，而"VO 的"由于指向潜主语（施事），在针对事件说明上会构成间接性说明。

（76）是否属于"是……的"句会有争议，但置换为（77）后，（77a）（77b）（77c）划线部分都成为"是……的"句，说明这两类句式属于邻近句式，而邻近句式之间会出现"类推糅合"的现象。

因此，我们认为"V 的 O"在"是……的"句中占优势，与它在语义上指向受事有关。从一般的语义取向看，受事作为行为结果或行为承受者，在属性上相比施事更依赖于行为（的方式），因此针对受事的说明反过来也更容易转为对行为（方式）的说明。同时，对受事的说明还可以回避对施事的属性说明，从而在语义上更直接地指向事件。

综上所述，我们认为"V 的 O"既不是主语后置，也不是"的"的插入或位移，而是因为"V 的 O"的指称义、"的"字短语句以及邻近句式之间的"类推糅合"等多重因素叠加而成的。在结构和语义上，它仍然保留了定中结构的某些特征，在语义功能上，从对行为结果（事物）的识别说明转为对行为的识别说明，最终特化在表示行为的实现方式上。

从整个句式看，"是……的"句相当于针对某个事件命题的说明句。提示该命题的成分（命题提示语）可以成为句式表层的主语，也可以成为更高层别的话题，作为一个话题提示语或触发语(trigger)来构建一个更大范围的、类似主谓谓语句的题述句。例如：

（78）a. 太太，他是美国的（太太）。

　　　b.（太太）他是（娶的）美国太太。（V 的 O）

　　　c.（太太）*他是娶美国太太的。（*VO 的）

(79) a.（生）孩子，他是去年生的（孩子）。（V 的 O）

　　b.（孩子）他是去年生的孩子。（V 的 O）

　　c.（孩子）*他是去年生孩子的。（*VO 的）

(80) a.（生）孩子，他是（生的）男孩儿，我是（生的）女孩儿。

　　b.（孩子）他是生的男孩儿，我是（生的）女孩儿。（V 的 O）

　　c.（孩子）*他是生男孩儿的，我是生女孩儿的。（*VO 的）

(78)"太太的国籍"是既有命题，它可以通过话题提示语表示出来，如(78a)，也可以隐去而成为默认话题，如(78b)。"他是美国的"在这一命题下得到语义整合。"他"作为事件（属性）领有者参与或领有该事件（属性）。与话题提示语不同，"他"不是直接说明对象（命题），而是提示说明范围的次话题。

我们看到，如果(78b)(80a)补入动词、(79a)补入名词时，都会构成"V 的 O"，而不是"VO 的"，所以上述 c 类句"VO 的"都不成立。这也说明"V 的 O"是在自身语义约束下形成的，与"的"的移位无关。

针对某一事件进行说明时，指代受事或行为（事件）的成分更容易成为话题提示语，同时，大谓语也会在说明指向上尽可能与话题保持一致。我们重新回到朱德熙的分析上。

(81) a.他是去年生的孩子。（M＋S₄）

　→ b.他，孩子是去年生的。（M＋"M＋V 的"）

　→ c.（生）孩子，他是去年生的（孩子）。

朱德熙认为(81a)是"M＋S₄"，M 是插入语，与 S₄ 在结构上没有直接关系。由于 S₄ 相当于主语后置，所以(81a)应当解释为(81b)。我们认为，这一分析的缺陷在于将"孩子"视为句法层面的主语，而实际上，"孩子"应当是更高层次的话题提示语，所以应当解释为(81c)，即在"生孩子"这一命题上，"他"领有"去年生的（孩子）"这一事件或属性。当"生孩子"为命题（话题）时，说明部分（述题）要在语义上与命题（孩子）保持一致，通常会使用"生的孩子（V 的 O＝受事）"，而不是"生孩子的（VO 的＝施事）"结构。我们看到，根据这一语义关系可以构建以下几个句式。

> (82) a.生孩子，他是去年生孩子的。　（VO 的）
>
> 　　　b.生孩子，他是去年生的孩子。　（VO 的）
>
> (83) a.老李，他是去年生孩子的。　　（VO 的）
>
> 　　　b.老李，他是去年生的孩子。　　（V 的 O）
>
> (84) a.孩子，他是去年生的孩子。　　（V 的 O）
>
> 　　　b.孩子，*他是去年生孩子的。　　（*VO 的）

(82)以"生孩子"这一事件为话题时，"VO 的"和"V 的 O"都可以成立，但(82a)间接表示"他"的属性。(82b)的"孩子"虽为冗余，但针对事件进行说明时可以成立。(83)以"老李"为话题，(83a)相当于对"老李"的识别说明，(83b)倾向于对行为的识别说明。当(84)以"孩子"为话题提示语时，只有(84a)的"V 的 O"这一种选择。

从句式结构看，"（是）去年生的孩子"作为定中结构不是一个整句，而是一个名词短语，在语义上指向"孩子"，而"他是去年生的孩子"相当于一个主谓谓语句的大谓语部分来表示说明（述题）。

在主谓谓语句中，提示话题可以采用多种形式，但最简洁的方式是将事件中的某个论元成分提示为大主语。从逻辑上看，施事和受事都可以升为大主语来提示命题，但受事因为不是事件领有者，更容易成为话题提示语而指代事件。主谓谓语句的典型句式语义表示〈话题－说明〉这一题述关系，〈话题〉决定了整个〈说明〉部分的语义指向，并对这一部分的语义关系和结构具有约束或整合作用。

我们看到，在汉语里以受事或侧面语为提示语时，大谓语一般都会在句式表层呈现非逻辑性结构，构成主谓谓语句的一个变体句式。

第 9 章 表示实现方式的"是……的"句　237

(85) a. 鼻子，<u>是大象（的）长</u>。

　　 b. 太太，他<u>是（娶的）美国的（太太）</u>。

　　 c. 大学，他<u>是（学的）理科</u>，我<u>是（学的）文科</u>。

　　 d. 洗脸，我<u>是（用的）凉水</u>。

　　 e. 工资，我们<u>是学校发的（工资）</u>。

　　划线部分呈现非逻辑性结构，但都能在命题提示语的语义框架下
实现整合。其中"是"由于失去动词功能转而提示焦点，可以移位或
省略。我们看到，上述(85b)(85c)(85d)插入动词后都会构成"是……
的"句，说明"是……的"句表层出现非逻辑性结构不是一个孤立现
象，而是〈话题-说明〉这类题述句中的常见形式。另外，上述划线部
分如果出现动词时也都会构成"V 的 O"，说明"V 的 O"这一结构是在
语义约束下形成的，与"VO 的"之间不存在移位或变换关系。

4.3.　"（是）V 的 O"与"V 的是 O"的差异

　　下述两个句子语义很接近，但句式结构不同。

(86) a. 中午吃的米饭，晚上吃的面条。

　　 b. 他们(是)去的京都，不是大阪。

　　 c. 你们这次旅行，（是)去的什么地方？

(87) a. 中午吃的是米饭，晚上吃的是面条。

　　 b. 他们去的是京都，不是大阪。

　　 c. 你们这次旅行，去的是什么地方？

　　(86)可以插入"是"构成"是 V 的 O"，相当于"是……的"句，
(87)为"V 的是 O"，相当于分裂句。两类句式的陈述焦点都指向宾语，
句式之间的差异很难辨认，是否属于同类句式也众说不一。

　　朱德熙（1978）认为这两类句子语义相同，只是结构不同。他举

出下述两例做了说明。

(88) a. 他说的上海话。　　　（S_2 的紧缩形式）
　　　b. 他说的是上海话。　　（S_2）
　　　c. 他是说的上海话。　　（＝他+是+（说的+上海话））
(89) a. 我买的旧的。　　　　（S_5 的紧缩形式）
　　　b. 我买的是旧的。　　　（S_5）
　　　c. 我是买的旧的。　　　（＝ 他+是+（买的+旧的））

　　朱德熙认为，(88a)是 S_2 的紧缩形式，语义与(88b)相同。(88c)的结构为"他+是+（说的+上海话）"，是以 S_2 的紧缩形式为成分的判断句。同样，(89a)是 S_5 的紧缩形式，语义与(89b)相同。(89c)也是以 S_5 紧缩形式为成分的判断句。按照朱德熙的分析，(88c)在语义上应为"他是说的（是）上海话"，(89c)为"我是买的（是）旧的"。在不省略的情况下会有两个"是"。

　　杉村博文（2015）将这类句式分为两类，"A(都)V 的(是)P/Pw"和"AV(是)V 的 P"。V 是动词，A 是施事，P/Pw 是受事，w 是疑问词。

(90) a. 他都要的(是)什么菜？（＝A(都)V 的(是)P/Pw）
　　　b. 我是吃的红米饭。（＝AV(是)V 的 P）

　　杉村博文认为，(90a)相当于"他都要了什么菜？"和"他要的都是什么菜？"结构杂糅的结果，而(90b)相当于"是……的"句，依据"先 le 后 de"原则，对"先 le"的已然性进行确认、或表示区分性说明。

　　我们部分赞同上述观点，认为"中午吃的米饭"是一个歧义句，它可以表示"中午是吃的米饭"，也可以表示"中午吃的是米饭"。同时也认为(86)和(87)属于不同句式。(86)是"是……的"句，相当于

第 9 章 表示实现方式的 "是……的" 句　　239

表示方式的识别句，而(87)是分裂句，相当于表示焦点的指别句。

　　前面提到，焦点指称并非 "是……的" 的本质功能，而是语境作用下凸显的语用功能。因此，当语境变化时，这两个句式也会显现出各自不同的功能特征。例如：

(91)　a. 你怎么不会英语？
　　　　— b. 我上学是学的日语。
　　　　— c. 我上学学的是日语。
(92)　a. 我肚子有点儿不舒服。
　　　　— b. 你晚饭是吃的什么？
　　　　— c. ?你晚饭吃的是什么？
(93)　a. 那个电影可有意思了。
　　　　— b. ?你是说的哪个电影？
　　　　— c. 你说的是哪个电影？

　　(91a)问"不会英语"的原因，(91b)表示原因是"学的日语"，(91c)表示因为"学的是日语"。这两个句子的功能在该语境下重合，都能成立。(92b)"吃的什么"问"不舒服"的原因（成因），而(92c)问晚饭的内容，这两个句子功能也重合。但如果问话人不关注晚饭内容，只是质疑"晚饭"与"不舒服"之间的因果关系时，使用(92b)的概率更高一些。而在(93a)这一语境下问"哪个电影"时，使用(93c)的概率更高一些。

　　"(是)V 的 O"表示方式，在语境作用下也用于焦点指称，而分裂句"V 的是 O"表示指别（焦点），是否表示方式不确定。例如，看到对方手里拿着很多东西时，下述两个句子都能成立。

(94)　a. 你是买的什么东西？大包小包的。
　　　　b. 你买的是什么东西？大包小包的。

240

(94a)问"大包小包"的致使原因，间接问"东西"内容，而(94b)问"东西"的内容，间接问"大包小包"原因。不过，如果是对花钱多表示不满时，有时也会出现差异。

(95) a.你是买的什么东西，花这么多钱？
　　 b.你买的是什么东西，花这么多钱？
　　 c.你买的这是什么东西，花这么多钱？！
　　 → d.瞧你买的是什么东西，花这么多钱？！
　　 → e.?瞧你是买的什么东西，花这么多钱？！

(95a)对买东西行为（成因）表示不满，间接质疑东西内容，(95b)质疑东西的内容。当说话人看到买的东西以后，可以用(95c)来质疑东西是否值这么多钱。同样语境下，也可以用(95d)，但很少用(95e)。
　　另外，对命题（结果）表示不满时，一般会质疑其致使行为（成因），可以用"是VO"来表示反诘。例如：

(96) a.这孩子是吃什么了，长这么胖？！
　　 b.你们是干什么了，把老师都气跑了。
　　 c.他是怎么上的大学，连个报告都不会写？！

受这类句式驱使，下述句式一般使用"是 V 的 O"。

(97) a.这孩子<u>是吃的什么</u>，长这么胖？！
　　 → ?这孩子吃的是什么
　　 b.你们<u>是搞的什么鬼</u>，把老师都气跑了。
　　 → ?你们搞的是什么鬼
　　 c.他<u>是上的什么大学</u>，连个报告都不会写？！
　　 → ?他上的是什么大学

第 9 章 表示实现方式的"是……的"句　241

　　上述划线部分不表示疑问,而是表示反诘。在这种语境下,使用"是 V 的什么 NP"的概率更高一些。

　　"是……的(一)"的宾语应当为有定个指 NP,这个位置上出现疑问词显然违反了这一原则,这或许是朱德熙和杉村博文认为这类句子应当属于"V 的是(什么)O"的一个原因。

　　但我们认为,即使它属于"是 V 的(什么)O"也并不违反"是……的"句表示实现方式的句式功能。首先,这类句子相当于"瓦特是发明的蒸汽机"这类以宾语(受事)为说明焦点的"是……的"句。这类宾语 NP 作为说明焦点可以换为疑问词,构成"瓦特是发明的什么(东西)?"。因此"是……的"句的宾语一般为有定个指 NP,但并不妨碍它作为焦点而置换为疑问词。其次,这类句式的出现与"是……的"句其他疑问句式也有关,可以视为"糅合类推"的结果。

　　(98) a. 是在哪儿买的衣服?　(场所)

　　　　　b. 是什么时候买的衣服?　(时间)

　　　　　c. 是怎么买的衣服?　(方式)

　　　　　d. 是谁买的衣服?　(施事)

　　　　　e. 是买的什么衣服?　(受事)

　　上述句式都表示"买衣服"如何实现的,谓词论元作为实现方式中的一个因素凸显为信息焦点,相当于"局部指别"的识别句[6]。

4.4. "没 / 不 V(O) 的"

　　"是……的"句一般不用于对未发生(否定)事件进行说明,所以很少出现"没 / 不 V(O)的"形式。

　　(99) a. 做饭了。

　　　　── b. 怎么做的饭?("怎么"问方式)

242

(100) a. 没做饭。

— b. 怎么没做（*的）饭？（"怎么"问原因）

（99a）"做饭了"表示"做"这一行为实现了，可以问实现方式"怎么做的"，而（100a）"没做饭"表示行为未实现，因而很少针对"没做"来问其实现方式，这时，"怎么"会转而问没做的原因。不过，实际语言中也会出现一些表示原因的"没／不 V（O）的"句。

(101) a. 你心里还是想见他的吧？你<u>是为了不让我难过才不见他的</u>吧？你怪妈妈自私，是吗，憾憾？（戴厚英：人啊，人！）

　　b. 他一面走一面对自己说："我<u>是怕干不好才没动这个念头的</u>。加入进去，白吃饭，不是累赘了组织了吗！我怎么能让组织上为了我受影响呢。"（郑万隆：古道）

　　c. 是啊，她今天早晨肯定<u>是有什么事才没来接你的</u>。你这么瞎猜她，她肯定会不高兴的。（丁国桢译：人性的证明）

　　d. 我对有庆说："你不好好念书，我就宰了你。"说过这话后，我有些后悔，有庆<u>还不是为了家里才不想念书的</u>，这孩子十二岁就这么懂事了，让我又高兴又难受，想想以后再不能随便打骂他了。　（余华：活着）

　　上述划线部分一般使用"才"。"才"暗示"没／不 V 的"为获得共识的既定命题。由于行为未实现，所以不问方式，而是问未实现的原因（成因）。

　　这类句式一般不使用"V 的 O"，只能用"VO 的"。这反过来也证明，"V 的 O"具有受事指称义，当行为未实现时，O 不能作为结果来承接行为。因而在句式上、或在说话人的意识中，受事也不能用于话题提示语来提示事件，也不能作为有定 NP 而放在"V 的"后面。

5. 小结

"是……的"句虽然表示承前说明，但并不意味着一定要有一个语言化的先行句子。例如看到对方穿着一身新衣服，就可以问"你是在哪儿买的（衣服）？"。这里的"买"并不承指先行动词，而是依据百科常识推导出来的一个典型的"衣服"获得路径。

(102) a. 你的衣服是在哪儿买的？
　　　 b. 你是在哪儿买的衣服？

(102a)是"是"字句还是"是……的"句会有歧义，针对衣服属性时是"是"字句，针对获得方式时是"是……的"句。(102b)只针对获得方式，是典型的"是……的"句。两个句子都使用"V 的 O"结构，在语义上也属于邻近关系，后者相当于前者的一种衍生句式。

因此，我们认为"是……的（一）"的句式功能是针对某个已然事件的实现方式表示识别说明。它与"是"字句表示识别的功能有关。"VP 的"保留了指称义，因此形成了"V 的 O"和"VO 的"这两种结构。这两种结构不是任意的，因此不存在"的"的移位问题。同时，这两种结构都保留了定语修饰语的功能特征，对什么样的成分进入该结构会有相应的制约，并非任意一个动词句只要加入"的"就能构成"是……的"句。

由于"是……的"句是"是"字句的衍生句式，因此与"是"字句（"的"字短语句）之间会出现交叉、或重叠现象，其语义解读有时需要依靠语境。由于这个缘故，也有一些先行研究认为"是……的"句不是一个独立句式，都应该归入"是"字句。

我们认为，"是……的"句可以成为一个独立的句式，但作为"是"字句的衍生句式，它在结构和功能上仍保留了"是"字句的许多特征。也正因为如此，不能简单地将"是……的"句理解为由动词句添加"是"

或"的"而构成的句式。这种解释无助于说明"是……的"句的结构和功能，也无法解释在相同语义条件下，为什么有些动词句不能用于"是……的"句。

一个新的句式通常是由某一原始句式扩展后形成的。同时，一个新的句式形成时，除了继承原有句式的结构和功能以外，也会借鉴并吸收邻近句式的某些结构，从而造成新的句式与原有句式、以及邻近句式之间出现交叉或重叠，形成一个在语义、句式结构和功能上相互交织的句式网络。

注释

1) 本章内容曾发表于王亚新 2021〈汉语"是…的"句的语用条件和功能〉（『東洋大学人間科学総合研究所紀要』第 23 号）论文上，成书时进行了多处删节与补充。

2) "去的东京"可以将目的地（受事）作为说明焦点，但"去东京的"转指施事，不能将目的地作为焦点，成为"去日本"的内容注解。类似的句子还有："我吃过饭了，吃的饺子（／*吃饺子的）"等。

3) 认可"命题为真"的含义是，说话人认可行为确实发生，并具有相应的合理性（正当理由）。

4) "看书看的"整个短语表示成因，不能换为"看的书"或"看书的"。在结构上应当是"近视是（看书）看的"。

5) 判断行为状态是否具有区别意义，可以根据是否能使用否定式来作为一个标准。如"我不是随便买的，是挑便宜的买的"可以成立。但"她饿了，肚子不是…?，而是咕噜咕噜地叫的"难以成立。

6) 有关"局部指别"识别句，参见第 2 章 3.3 节。

主要参考文献（按汉语拼音排序）

安井二美子　2003　"是（一）个 N"の認知言語学的アプローチ,『中国語学』
　　　　250 号, 日本中国語学会.

庵功雄　1994　定性に関する一考察：定情報という概念について,『現代日本
　　　　語研究』1 巻.

奥津敬一郎　1978『「ボクハウナギダ」の文法・ダとノ』くろしお出版.

奥田靖雄　1990　説明（その 1）…のだ…,『ことばの科学・4』むぎ書房.

坂原茂　1990　役割, ガ・ハ, ウナギ文,『認知言語学の発展・第 3 巻』講談社.

曹逢甫　1995《主題在汉语中的功能研究》（谢天蔚译）语文出版社.

曹泰和　2017　"什么是 X?"と"X 是什么?"の意味的機能,『楊凱栄教授還暦
　　　　記念論文集—中日言語研究論叢』朝日出版社.

陈　平　1987　释汉语中与名词性成分相关的四组概念,《中国语文》第 2 期.

陈俊和　2009　试论现代汉语指称分类系统,《兰州学刊》第 3 期.

大河内康憲　1985　量詞の個体化機能,『中国語学』232 号, 日本中国語学会.

大河内康憲　1997"是"のムード特性,『中国語の諸相』白帝社.

大野晋　1978『日本語の文法を考える』岩波新書.

丹羽哲也　2004　名詞句の定・不定と「存否の題目語」, 日本語学会『国語学』
　　　　第 22 巻 2 号.

東郷雄二　1999　談話モデルと指示—談話における指示対象の確立と同定をめ
　　　　ぐって—,『京都大学総合人間学部紀要』第6巻.

東郷雄二　2000　談話モデルと日本語の指示詞コ・ソ・ア,『京都大学総合人
　　　　間学部紀要』第 7 巻.

東郷雄二　2001　定名詞句の「現場指示的用法」について,『京都大学総合人
　　　　間学部紀要』第 8 巻.

東郷雄二　2001　定名詞句の指示と対象同定のメカニズム,『フランス語学研
　　　　究』第 35 巻.

東郷雄二　2002　不定名詞句の指示と談話モデル,『談話処理における照応過
　　　　程の研究』（科学研究費成果報告書, 研究代表者東郷雄二）.

東郷雄二　2005　名詞句の指示とコピュラ文の意味機能,『科学研究費研究成
　　　　果報告書』（研究代表者東郷雄二）.

范继淹　1979　"的"字短语代替名词的语义规则,《中国语文通讯》第 3 期.

高橋太郎　1984　名詞述語文における主語と述語の意味的関係,『日本語学』
　　　　12 月号, 明治書院.

高橋太郎 1990 指示語の性格,『日本語学』3月号,明治書院.

郭 锐 2000 表述功能的转化和"的"字的作用,《当代语言学》第1期.

吉田光演 2004 総称文における日本語名詞句の種指示について,『言語文化研究・30』広島大学総合科学部.

金立鑫 1995 "Posi.有 N"和"Posi.是 N",《语言教学与研究》第3期.

金水敏・田窪行則 2004 談話管理理論からみた日本語の指示詞,『日本語研究資料集・第1期第7巻・指示詞』ひつじ書房.

金水敏 2015「変項名詞句」の意味解釈について,『日中言語研究と日本語教育』第8号,好文出版.

井元秀剛 2006 コピュラ文をめぐる名詞句の意味論と語用論,『シュンポシオン 高岡幸一教授退職記念論文集』朝日出版社.

久野暲 1973『日本文法研究』大修館書店.

久野暲 1978『談話の文法』大修館書店.

久野暲 1983『新日本文法研究』大修館書店.

李芳杰 1997 "的"字结构位于句首的判断句,《世界汉语教学》第1期.

李 敏 1996 "大主语隐含介词的主谓谓语句"再分析,《语言教学与研究》第3期.

李讷、安珊笛、张伯江 1998 从话语角度论证语气词"的",《中国语文》第2期.

李旭平、齐冲 2009 量词修饰名词时的双重语义要求—拓扑性和原子性,『现代中国语研究』第11期,朋友书店.

鈴木康之 1994『現代日本語の名詞的連語の研究』日本語文法研究会.

鈴木重幸 1972『日本語文法・形態論』むぎ書房.

鈴木重幸 1992 主語論をめぐって,『ことばの科学・5』むぎ書房.

刘丹青 2002 汉语类指成分的语义属性和句法属性,《中国语文》第5期.

刘月华等 1983《实用现代汉语语法》外语教学与研究出版社.

龙海平、肖小平 2011 "我是昨天买的票"句式及其相关问题,《世界汉语教学》第3期.

陆丙甫 2003 "的"的基本功能和派生功能—从描写性到区别性再到指称性,《世界汉语教学》第1期.

陆俭明 1993 周遍性主语句及其他,《现代汉语句法论》商务印书馆.

吕叔湘主编 1980 《现代汉语八百词》商务印书馆.

吕叔湘 1984 谁是张老三?=张老三是谁?,《中国语文》第4期.

吕叔湘 1986 主谓谓语句举例,《中国语文》第5期.

木村英树 2003 "的"字句的句式语义及"的"字的功能扩展,《中国语文》第4期.

木村英樹　2012『中国語文法の意味とかたち―「虚」的意味の形態化と構造化に関する研究』白帝社.

木村英樹　2015　中国語疑問詞の指示特性―"什么"（なに），"谁"（だれ）、"哪"（どれ）の機能対立，『日中言語研究と日本語教育』第 8 号.

木村英樹、大西克也、松江崇、木津祐子　2017　中国語史における疑問詞の指示特性 ―〈人〉を解とする疑問詞を中心に―，『楊凱栄教授還暦記念論文集 ― 中日言語研究論叢』朝日出版社.

齐沪杨　2005《对外汉语教学语法》复旦大学出版社.

橋本永貢子　2003 "个"在动宾组合中的功能及语法化，『現代中国語研究』第 5 期, 朋友書店.

橋本永貢子　2014『中国語量詞の機能と意味―文法化の観点から』白帝社.

三上章　1953『現代語法序説・シンタクスの試み』くろしお出版.

三上章　1960『象は鼻が長い』くろしお出版.

三上章　1963『日本語の構文』くろしお出版.

杉村博文　1982 "是……的"―中国語の"……のだ"の文，『講座日本語学・12 外国語との対照』明治書院.

杉村博文　1999　"的字结构"、承指与分类，《汉语现状与历史的研究》中国社会科学出版社.

杉村博文　2002a 论现代汉语"把"字句"把"的宾语带量词"个"，《世界汉语教学》第 1 期.

杉村博文　2002b 论现代汉语特指疑问判断句，《中国语文》第 1 期.

杉村博文　2006　量词"个"的文化属性激活功能和语义的动态理解，《世界汉语教学》第 3 期.

杉村博文　2015 论两类"的"字句与其中助词"的"的句法性质，《世界汉语教学》第 1 期.

杉村博文　2016《现代汉语语法研究—以日语为参照系》大阪大学出版会.

山梨正明　1992　『推論と照応』くろしお出版.

上林洋二　1988 措定文と指定文 ― ハとガの一面，『文芸言語研究・言語編』14 号, 筑波大学文芸・言語学系.

上林洋二　2000 固有名詞の意味論，『文学部紀要・文教大学文学部』14-1 号.

邵敬敏　1993 量词的语义分析及其与名词的双向选择，《中国语文》第 3 期.

沈家煊　1999 转指和转喻，《当代语言学》第 1 期.

沈家煊　2008"移位"还是"移情"，《中国语文》第 5 期.

寺村秀夫　1982『日本語のシンタクスと意味・Ⅰ』くろしお出版.

寺村秀夫　1984『日本語のシンタクスと意味・Ⅱ』くろしお出版.

松下大三郎 1928『改撰標準日本語文法』中文館書店.

宋玉柱 1991《现代汉语语法基本知识》语文出版社.

湯廷池 1988《漢語詞法句法論集》台湾学生書局.

唐翠菊 2005 "是"字句宾语中"(一)个"的隐现问题,《世界汉语教学》第2期.

汪洪澜 1995 主谓谓语句研究综述,《兰州学刊》(第2期)兰州大学.

王灿龙 2010 "谁是NP"与"NP是谁"的句式语义,《语言教学与研究》第2期.

王灿龙 2013 "是"字判断句名词宾语的指称形式,《世界汉语教学》第2期.

王红旗 2004 功能语法指称分类之我见,《世界汉语教学》第2期.

王 力 1954 《中国现代语法》中华书局.

王 力 1980 《汉语史稿(修定本)》中华书局.

王亚新 1998a "姜是老的辣"等句式的语义特征,『中国語学』245号,日本中国語学会.

王亜新 1998b 存在の意味を表す「有」と「是」,『語学教育研究論叢』第15号,大東文化大学語学教育研究所.

王亜新 1999 中国語の名詞述語文における「指定」機能,『東洋大学紀要教養課程編』第38号,東洋大学.

王亚新 2003 「私は土木工学が専門だ」等句式的分析以及同汉语的对比,《日日本语言与文化—孙宗光教授喜寿纪念论集》北京大学出版社.

王亚新 2004 汉语"是……的"句中的名词判断句因素,『平井勝利教授退官記念・中国学・日本語学論文集』白帝社.

王亜新 2011 日本語の「カキ料理構文」とそれに対応する中国語表現,『横川伸教授古希記念・日中言語文化研究論集』白帝社.

王亚新 2012 汉语判断句"S是(一)个NP"的语义功能及句式特征,『現代中国語研究』第14期,朝日出版社.

王亜新 2015 再议「カキ料理構文」的句式特征—兼及与其对应的汉语句式,《汉日语言对比研究论集》第6辑,华东理工大学出版社.

王亜新 2017a 中国語名詞句の「定/不定」について—日本語との対照を兼ねて,『人間科学総合研究所紀要』第19号,東洋大学.

王亜新 2017b 隐现句及其宾语NP的语义及语用解读,『楊凱栄教授還暦記念論文集—中日言語研究論叢』朝日出版社.

王亜新 2021 汉语"是…的"句的语用条件和功能,『東洋大学人間科学総合研究所紀要』第23号.

王亜新 2023 汉语"S是(一)个NP"的语义结构与功能,『東洋大学人間科学総合研究所紀要』第25号.

王占华 2000 "吃食堂"的认知考察,《语言教学与研究》第2期.

主要参考文献　249

西山佑司　1985　措定文・指定文・同定文の区別をめぐって，『慶應義塾大学言語文化研究所紀要』17 号.

西山佑司　1988　指示的名詞句と非指示的名詞句，『慶應義塾大学言語文化研究所紀要』20 号.

西山佑司　1989　「象は鼻が長い」構文について，『慶應義塾大学言語文化研究所紀要』21 号.

西山佑司　1990　コピュラ文における名詞句の解釈をめぐって，『文法と意味の間―国広哲弥教授還暦退官記念論文集』くろしお出版.

西山佑司　1992　役割関数と変項名詞句―コピュラ文の分析をめぐって，『慶應義塾大学言語文化研究所紀要』24 号.

西山佑司　1993　コピュラの用法とメンタルスペース理論，『慶應義塾大学言語文化研究所紀要』25 号.

西山佑司　2003『日本語名詞句の意味論と語用論―指示的名詞句と非指示的名詞句』ひつじ書房.

小屋逸樹　2013　固有名と（疑似）カキ料理構文，西山佑司編『名詞句の世界―その意味と解釈の神秘に迫る』ひつじ書房.

小野秀樹　2001“的”の「モノ化」機能＝「照応」と“是……的”をめぐって.『現代中国語研究』第 3 期, 朋友書店.

熊本千明　1989　指定と同定―『…のが…だ』の解釈をめぐって, 大江三郎先生追悼論文集編集委員会・編『英語学の視点』九州大学出版会.

熊本千明　1998　コピュラ文の語順と解釈―名詞句の意味特性に注目して, 『佐賀大学教育学部研究論文集』3（1）.

熊本千明　2005　コピュラ文における名詞句の意味機能について,『佐賀大学文化教育学部研究論文集』9（2）.

熊本千明　2014　指定文・措定文・同一性文,『佐賀大学全学教育機構紀要』第 2 号.

徐烈炯　1999　名词性成分的指称用法,《共性与个性―汉语语言学中的争议》北京语言文化大学出版社.

杨德峰　2008　试论“VP 的”的范畴化,《汉语学习》第 2 期.

楊凱栄　1997「V 的 N」における已然と非已然,『大河内康憲教授退官記念・中国語学論文集』東方書店.

杨凯荣　2016　句中成分的焦点化动因及优先度等级―从事件句到说明句,『中国語学』第263号, 日本中国語学会.

楊成凱　1997“主主谓”句法范畴和话题概念的逻辑分析,『中国語文』第 4 期.

杨石泉　1997“是……的”句质疑,《中国语文》第6期.

野田尚史 1996 『「は」と「が」』くろしお出版.

益岡隆志編 2008 『叙述類型論』くろしお出版.

影山太郎 2009 言語の構造制約と叙述機能,日本言語学会『言語研究』第 136 号.

袁毓林 1994 一价名词的认知研究,《中国语文》第4期.

袁毓林 1996 话题化及相关的语法化过程,《中国语文》第 4 期.

袁毓林 2003 从焦点理论看句尾"的"的句法语义功能,《中国语文》第 1 期.

张伯江、方梅 1996《汉语功能语法研究》江西教育出版社.

张伯江 1997 汉语名词怎样表现无指成分,《庆祝中国社会科学院语言研究所建所 45 周年学术论文集》商务印书馆.

张伯江、李珍明 2002 "是 NP"和"是(一)个 NP",《世界汉语教学》第 3 期.

张和友 2012 《"是"字结构的句法语义研究:汉语语义性特点的一个视角》北京大学出版社.

张济卿 1996 也谈"Posi.有 N"和"Posi.是 N"《语言教学与研究》第 4 期.

朱德熙 1961 说"的",《中国语文》第 12 期.

朱德熙 1978 "的"字结构和判断句,《中国语文》第 1、2 期.

朱德熙 1980《现代汉语语法研究》商务印书馆.

朱德熙 1981《语法讲义》商务印书馆.

朱德熙 1983 自指和转指:汉语名词化标记"的、者、所"的语法功能和语义功能,《方言》第 1 期（引自《朱德熙文选》商务印书馆）.

佐久間鼎 1956 『現代日本語法の研究』(1983 年復刊)くろしお出版.

佐治圭三 1991 『日本語の文法の研究』ひつじ書房.

Carlson, Gregory N. 1977. *Reference to Kinds in English*. Ph.D. dissertation, University of Massachusetts.

Fraurud, Kari. 1996 *Cognitive ontology and NP form*, in T. Fretheim & J. K. Gundel (ed.),65-88.

Fauconnier, G. 1985, *Mental Spaces*, MIT Press （坂原茂ほか訳, 1987 『メンタル・スペース ―自然言語理解の認知インターフェイス』白水社）.

Higgins, F. Roger. 1979 *The Pseudo-cleft Construction in English*. New York: Garland Publishing.

Karttunen, L. 1968, *What do referential indices refers to* ?, Indiana University Linguistic Club.

Karttunen, L. 1976, *Discourse referents*, J. McCawley (ed) Syntax and Semantics 7, Notes from the linguistic underground, Academic Press, 363-386.

后 记

大学就读于北京师范大学外语系日语专业，毕业论文题目是关于日语形式名词的用法。选择这个题目，是因为对于日语学习者来说形式名词是一个难点。在北京大学日语专业读硕士课程时，选择的论文题目是日语的「のだ」句。因为「のだ」句是形式名词中最难解的部分，同时还涉及这类句式是否为名词性判断句的讨论。

来日本以后，在大东文化大学读博士课程，论文题目是日语的名词判断句，也属于上述研究的一个延续。

就职于东洋大学后开始担任汉语教学。由于工作关系，研究方向逐渐从日语转向汉语，陆续写了一些有关汉语句式的论文，但对名词判断句的研究始终没有中断，断断续续地做了多年。

大学毕业至今，研究方向从日语语法、到日汉对比研究、又半路出家来到汉语语法研究，绕了一个大圈，走了不少弯路。但圆心点依然留在名词判断句上，只是重心从日语移到了汉语。

对名词判断句的研究刚刚迈进门槛，但已有些力不从心。本书的初衷是撰写一本有关日、汉语名词判断句对比研究的书，但仅汉语"是"字句部分的写作时间就远超预期，耗费了相当的精力，也耗尽了家人的耐心。因此暂将汉语部分先行出版，有关日、汉语对比的部分留作今后的课题。

本书写作使用了汉语，但很多内容来自日语底稿，尽管反复做了修改，有些句子读起来依旧拗口。不便之处谨请原谅。

2024 年 10 月

王亚新

著者紹介

王亚新［王亜新：Wang　Yaxin］

1954 年生于北京。
北京师范大学日语专业毕业，文学学士。
北京大学日语专业硕士课程毕业，文学硕士。
北京大学日语专业助教、讲师。
大東文化大学大学院博士課程満期退学，文学博士。
東洋大学文学部講師、副教授、社会学部教授。
现为東洋大学名誉教授。
著作：高等教育出版社《日语概论》（合著）、小学館『日中辞典』
編集委員、アルク『中国語の構文』及教科书等。学术论文 50 余篇。

现代汉语 “是” 字句研究
（現代漢語 “是 shi” 字句研究）

2024 年 10 月 23 日　初版発行

著　　者　　王　亜　新
発行者　　佐藤和幸
発行所　　白　帝　社

〒171-0014 東京都豊島区池袋 2-65-1
TEL 03-3986-3271　　FAX 03-3986-3272
https://www.hakuteisha.co.jp

印刷　大倉印刷(株)／製本　カナメブックス
装丁　(株)アイ・ビーンズ

©Wang Yaxin 2024　Printed in Japan　ISBN 978-4-86398-600-8
落丁本・乱丁本はお取り替えいたします。